U0448834

智慧物流

数字经济驱动物流行业转型升级

龚光富 李家映◎著

中国友谊出版公司

图书在版编目（CIP）数据

智慧物流：数字经济驱动物流行业转型升级 / 龚光富，李家映著. -- 北京：中国友谊出版公司，2022.9
ISBN 978-7-5057-5529-1

Ⅰ.①智… Ⅱ.①龚… ②李… Ⅲ.①互联网络－应用－物流管理②智能技术－应用－物流管理 Ⅳ.① F252-39

中国版本图书馆 CIP 数据核字（2022）第 120344 号

书名	智慧物流：数字经济驱动物流行业转型升级
作者	龚光富　李家映
出版	中国友谊出版公司
策划	杭州蓝狮子文化创意股份有限公司
发行	杭州飞阅图书有限公司
经销	新华书店
制版	杭州真凯文化艺术有限公司
印刷	杭州钱江彩色印务有限公司
规格	710×1000 毫米　16 开 17 印张　200 千字
版次	2022 年 9 月第 1 版
印次	2022 年 9 月第 1 次印刷
书号	ISBN 978-7-5057-5529-1
定价	68.00 元
地址	北京市朝阳区西坝河南里 17 号楼
邮编	100028
电话	（010）64678009

目录

前言

第一部分　物流科技篇

01　智慧物流：物流1.0到4.0的演变

物流1.0到4.0的演变之路　／003

智慧物流技术架构及功能　／007

智慧物流的场景应用与路径　／011

智慧物流的作业技术和发展趋势　／014

02　物流科技：技术驱动的效率革命

降本增效：物流科技的本质　／018

物流节点：自动化物流分拣　／021

快递运输：向科技要效率　／023

物流管理：数字化运营系统　／025

03 面向智能制造的智慧供应链建设

科技赋能供应链创新　/ 027

智能制造驱动的物流变革　/ 029

智慧供应链面临的挑战与路径　/ 031

构建智慧安全的制造业供应链体系　/ 034

第二部分　5G 物流篇

04 技术赋能：5G 重新定义智慧物流

5G 开启智慧物流新赛道　/ 041

5G 物流的场景实现路径　/ 044

5G 在智慧物流中的应用优势　/ 048

基于 5G 的全自动化物流运输　/ 051

05 体系重构：5G 智慧物流解决方案

可视化智慧物流管理体系　/ 055

5G 智慧供应链体系　/ 056

5G 智慧物流追溯体系　/ 058

5G 驱动的智慧物流变革　/ 059

06　应用场景：新一代智慧物流模式

AR 智慧物流系统　/062

5G 物流与数据智能　/064

物流智慧能源供给　/066

工业级物流监控　/068

工业级视觉系统　/069

智慧物流园区建设　/070

第三部分　AIoT 物流篇

07　AIoT 物流：引领企业数字化转型

物流可视化、互动化与智能化　/075

智慧供应链预测与优化　/077

当企业行政遇到AI　/078

基于IoT 的物流智能化管理　/080

08　自动驾驶：引爆"最后一公里"革命

"最后一公里"的自动化革命　/085

典型代表1：亚马逊Scout　/088

典型代表2：联邦快递Roxo　/089

典型代表3：Starship 公司　/090

典型代表4：Nuro 公司　/091

典型代表5：TuSimple 公司　/092

09 物流新基建：科技助力智慧抗疫
物流新基建的智慧抗疫　/ 094
顺丰：无接触配送服务　/ 097
京东：构建智慧供应链体系　/ 098
圆通：开通物资绿色通道　/ 101

第四部分　数据智能篇

10 数智物流：大数据重塑现代物流
大数据时代的物流变革　/ 107
物流大数据的应用场景　/ 109
打通"商流+物流"大动脉　/ 112
数智化转型：一切业务数据化　/ 114

11 基于数据挖掘技术的物流管理
数据挖掘：物流智能化管理升级　/ 116
数据挖掘的流程与关键技术　/ 119
数据挖掘的主流应用方法　/ 122
基于数据挖掘的物流管理　/ 126
沃尔玛的数据挖掘技术应用　/ 128

12　大数据时代物流企业的转型之路

大数据给物流企业带来的机遇　/ 131

"大数据+物流"的模式创新　/ 134

大数据时代的供应链管理变革　/ 137

基于大数据的第三方物流模式　/ 140

第五部分　智慧仓储篇

13　智慧仓储：从机械化到自动化

变革1：高柔性自动化　/ 147

变革2：高密度化存储　/ 150

变革3：拣选作业无纸化　/ 152

变革4：数字化和网络化　/ 156

变革5：透明化和可预测性　/ 159

14　智慧无人仓：新一代物流仓储技术

技术架构：硬件设备+软件系统　/ 162

无人仓的应用领域与实践　/ 165

无人仓的实现路径与未来前景　/ 167

无人仓技术的落地难点　/ 170

15 智慧仓储：仓储管理信息化

仓储管理在物流中的作用 / 172
智慧仓储管理的三大核心 / 174
WMS 在物流企业中的应用 / 175
WMS 的未来发展方向 / 178

第六部分　智慧冷链篇

16 我国农产品冷链物流的模式与策略

农产品冷链物流的运作流程 / 183
农产品冷链物流的三种模式 / 185
我国农产品冷链存在的问题 / 187
我国农产品冷链的应对策略 / 190

17 智慧冷链：构建新型冷链物流体系

"十四五"时期的冷链物流战略 / 193
冷链物流的智能化之路 / 196
智慧冷链物流的关键系统 / 200
智慧冷链的七大主流商业模式 / 204

18 基于大数据技术的智慧冷链物流

大数据在冷链物流中的应用价值 /208

基于大数据的冷链物流配送 /211

基于大数据的冷链可视化监控 /214

大数据、云计算与冷链物流信息化 /216

第七部分 新零售供应链篇

19 新物流：数字化供应链变革与重塑

供应链4.0时代的来临 /221

新物流：数字化供应链的特征 /224

新零售时代的供应链变革 /227

云计算驱动的供应链转型升级 /230

20 实践路径：构建新零售供应链模式

数字战略：未来的零售供应链 /234

模式重构：搭建数字化供应链 /237

组织重构：动态响应消费者需求 /239

渠道重构："人货场"智能匹配 /242

生态重构：构建共生共融的零售生态 /244

21 同城配送：新零售时代的物流新战场

新零售驱动的城配新格局 /247

同城配送崛起的主要因素 /250

同城配送的演变发展与运营模式 /252

前言

　　物流业是支撑国民经济发展的基础性、战略性、先导性产业。物流行业高质量发展是经济高质量发展的重要组成部分，也是推动经济高质量发展的重要力量。根据前瞻产业研究院发布的《智能物流行业市场需求预测与投资战略规划分析报告》显示，我国社会物流总费用在GDP中的占比逐步下降，但距离发达国家还有很大的差距，提高物流效率，降低物流成本成为物流行业未来发展的重要目标。

　　2021年是"十四五"规划开局之年，对物流业的发展提出了更高的要求。"十四五"规划强调要"构建基于5G的应用场景和产业生态，在智能交通、智慧物流、智慧能源、智慧医疗等重点领域开展试点示范"，并提出要"建设现代物流体系，加快发展冷链物流，统筹物流枢纽设施、骨干线路、区域分拨中心和末端配送节点建设，完善国家物流枢纽、骨干冷链物流基地设施条件"，"优化国际物流通道，加快形成内外联通、安全高效的物流网络"。

在经济高质量发展的背景下，我国产业结构不断升级，扩大内需战略稳步推进，各行各业开始向着全球价值链的中高端发展，农业、服务业、零售业等行业全面升级，对物流服务的要求不断提升，促使物流行业向着高品质、精细化、个性化的方向转型发展。

物流行业的转型升级离不开先进技术的支持。5G、AIoT、大数据、云计算、机器人等新一代信息技术迅猛发展，在物流行业深入应用，将推动物流行业向智能化的方向不断发展。在这些新技术的支持下，物流设备将实现数字化、智能化，信息实时采集及动态监测效率将大幅提升，物流运输过程将变得更加透明，促使物流仓储、运输、配送等环节实现一体化运作与精准管控，推动物流业务模式不断创新，促使整个行业的治理能力实现现代化。在国家政策的支持下，建设高效化、智慧化的物流体系已成为当今物流行业发展的必经之路。

在抗击新冠肺炎疫情期间，在物流企业与科技企业的共同努力下，智慧物流建设取得了重大进展。为做好防疫物资的运输工作，以中国邮政、顺丰、京东快递为代表的物流企业积极引入大数据、人工智能、5G等新技术以及无人机自动分拣等智慧物流设备，不仅提高了物流效率，而且有效降低了物流配送人员交叉感染的风险。

例如，2020年1月23日疫情突发的武汉宣布封城，顺丰利用自己的空运优势，封城的第二天即在各方的支持下建立了空中航线，快速调配2架货机分别从杭州、深圳飞抵武汉，送去了封城后的第一批防疫物资；25日，顺丰为疫情相关物资的运输打开了绿色通道。据统计，从1月24日至3月底，顺丰航空共计为武汉运送各类医疗物资及民生物资6300吨。

物资运抵武汉之后，如何安排配送又成了一大难题。一方面因为道路限行、小区封闭，给物资配送造成了不便；另一方面，物流配送人员极少，如果仅依靠人工送货，物资配送效率极低，而且容易发生交叉感染。为了保护配送人员的人身安全，提高医疗物资配送效率，顺丰快递尝试使用无人机送货。顺丰方舟无人机任务荷载10公斤，航程可达18公里，到3月18日，顺丰方舟无人机执飞疫区近3500架次，飞行里程逾1.4万公里，运输物资近13吨，为防疫物资运输做出了重大贡献。

除顺丰外，京东、美团投入了无人配送车为定点医院配送防疫物资，为社区居民运送生活必需品，一方面满足了疫情防控期间减少人员接触的要求，另一方面解决了订单需求密集区域配送人员不足的问题。无人叉车、无人配送、智能取货柜等技术与设备的广泛应用，对提高物流运输效率，降低物流成本产生了积极作用。

未来，随着5G、人工智能、云计算、大数据等技术在物流行业深入应用，智慧物流将呈现出一些新特点。

第一，"互联网+物流"蓬勃发展。智慧物流的核心是实现协同共享。"互联网+物流"平台的出现打破了企业边界，深化了企业分工，促使存量资源社会化，极大地提高了闲置资源的利用效率，是智慧物流的典型代表。例如，在疫情期间，网络货运平台充分发挥应急调度指挥作用，迅速整合社会的运力资源，进行统一调度，将防疫物资快速运送到需要的地方，并为政府提供全国货运大数据，为政府决策提供强有力的支持。

第二，物联网技术在物流行业广泛应用。目前，我国已经有500多万辆载重货车安装了北斗定位装置，通过传感器接入互联网的物流设施越来越多，物流设施、物流信息的互联互通为物流在线化、智慧化提供了强有力的支持。

第三，大数据驱动物流决策智慧化。"互联网+物流"将产生大量业务数据，这些数据的处理、应用需要借助大数据技术来实现。在大数据技术的驱动下，物流产业将实现智慧化变革，物流企业的生产效率将大幅提升。物流企业通过对物流大数据进行处理分析，可以获取很多有价值的信息，为制定科学的管理决策提供依据。

第四，云技术为物流云服务的实现提供强有力的保障。在物流云平台的支持下，物流企业可以为客户提供安全稳定的物流信息服务，为客户提供标准统一的应用组件服务，强化客户与企业之间的数据连接，对各项数据资源进行高效整合与应用，推动物流行业向着智慧化、生态化的方向不断发展。

第五，人工智能技术将在物流行业实现广泛应用。人工智能技术的应用为物流技术创新提供了强有力的支持，也为物流资源配置、物流环节优化、物流运作效率的提升产生了积极的推动作用。随着人工智能技术在无人驾驶、无人仓储、无人配送、物流机器人等领域实现广泛应用，智慧物流将实现快步发展。

总而言之，在5G环境下，物流企业的数字化、智慧化转型之路将快速推进。本书立足于新一轮科技革命和产业变革的演化趋势，全面阐述了智慧物流与供应链的体系架构、技术路径与实践应用，深度剖析了5G、AIoT、大数据、云计算、GIS、增强现实等新一代信息技术在智慧物流领域的应用场景，从物流科技、5G智慧物流、AIoT物流、数据智能、智慧仓储、智慧冷链、新零售供应链等7个维度，试图描绘传统物流行业因科技创新产生的深刻变革，冀望于为我国物流企业数字化转型与价值重塑提供一些有价值的借鉴与参考。本书不仅适合物流企业管理者及技术人员阅读参考，也可以作为高等学校物流相关专业的本科生和研究生教材使用。

第一部分
物流科技篇

01 智慧物流：物流1.0到4.0的演变

物流1.0到4.0的演变之路

随着电商经济不断发展，现代物流也实现了快速发展，在国民经济和社会发展中扮演着越来越重要的角色。根据中国物流与采购联合会公布的数据，2021年1—10月，全国社会物流总额261.8万亿元，按可比价格计算，同比增长10.5%，增速比上年同期提高8.0个百分点。

现代物流在快速发展过程中也暴露出很多问题，这些问题主要表现在以下几个方面：第一，物流信息化、标准化程度不高，总体运行质量与效率有待提升；第二，物流环节不透明，物流信息无法共享；第三，物流成本居高不下；第四，物流管理的智能化水平、中高端物流与供应链服务水平有待提升。

5G、云计算、物联网、大数据、人工智能等技术的发展，有力推动了传统物流业的转型升级，催生了以智慧物流为代表的一系列全新业态。智慧物流具有自动化、可视化、网络化、智能化等特征，这和现代物流业发展趋势保持高度一致，未来将具有十分广阔的发展空间。

◆ 智慧物流的概念与特征

智慧物流这一概念可以追溯至2019年IBM提出的"智慧供应链"。在IBM的设想中，这个智慧供应链可以利用感应器、RFID（Radio Frequency Identification，射频识别）、制动器、GPS和其他设备生成实时信息，具备先进、智能、互联三大特征。在智慧供应链基础上延伸出来的智慧物流指的是一种融合物联网、云计算、大数据、人工智能等新一代信息技术，推动物流基础设施自动化、业务运营智能化，实现物流各环节信息系统深度融合，以及物流全过程自动感知识别、决策智能优化、可追踪溯源的新型物流模式，也是"互联网+"在物流领域的落地应用。

相较于传统物流来说，智慧物流具备四大特征，分别是多元驱动、实时感知、智能交互、智慧融合，如图1-1所示。

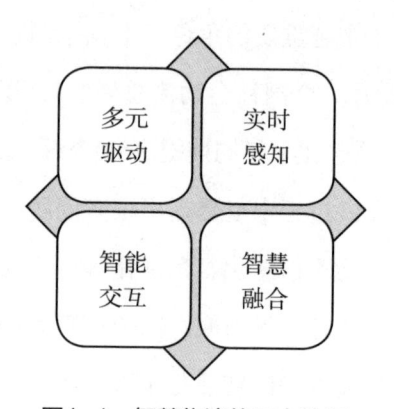

图1-1 智慧物流的四大特征

（1）多元驱动

现代物流在不同的发展阶段有不同的关注点与发力点，例如在初级发展阶段比较关注物流成本，进入中级发展阶段之后开始关注物流服务质量。智慧物流则可以在现代物流的基础上，借助先进技术与应用以及现代化的管理方式让物流的各个环节相互协同，降低物流成本，提高物流服务质量与效率，实现多元化发展目标。

（2）实时感知

在自动识别与数据获取技术的支持下，智慧物流可以获得实时感知能力。在现代物流系统中，物流运输工具越来越丰富，面对的物流运输环境也越来越复杂。物流运输企业想要应对复杂的环境，将货物安全运往目的地，必须借助自动识别与数据获取技术对物流运输过程进行全链路感知。

（3）智能交互

智能交互指的是客户、快递企业与送货人员、运输工具、产品通过简单便捷的途径交流互动，对物流资源进行优化配置，对物流运输的各个环节进行协调，让整个物流过程实现有效运转，从而提高物流效率，降低物流成本。

（4）智慧融合

在智慧物流系统中，各种关键技术、系统应用与管理方法可以实现高度集成，客户与提供物流服务的企业无需对物流技术、管理方法、处理手段等进行深入了解，就可以轻松享受物流服务，实现物流目标。最重要的是，随着客户的物流需求不断调整，物流技术不断发展，物流的处理过程会自动做出调整。

◆ **演变之路：物流1.0到4.0的进阶**

总体而言，现代物流业发展至今，大致经历了从1.0到4.0的四个发展时期，如图1-2所示。

物流 1.0：粗放型物流 → 物流 2.0：系统化物流 → 物流 3.0：电子化物流 → 物流 4.0：智慧物流

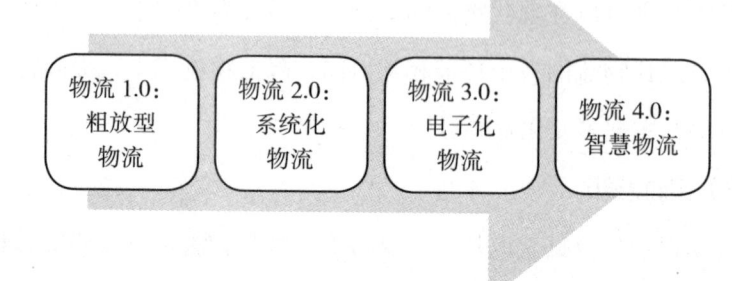

图1-2　现代物流业的演变之路

（1）物流1.0：粗放型物流

20世纪50年代至70年代是粗放型物流的快速发展阶段。第二次世界大战后，各国开始重视经济建设，人们收入水平逐步提升，消费需求快速增长。而当时企业的产能较低，商品供不应求，企业将更多的精力放在扩大产能方面，对物流环节对企业利润的影响缺乏足够认识，导致物流效率低下，成本高昂。

（2）物流2.0：系统化物流

20世纪70年代末，经济全球化的影响开始显现，跨国贸易的兴起对物流运输提出了挑战，促使物流业从粗放式管理转变为系统化管理，迎来系统化物流阶段。该阶段，出现了集装箱运输、实时生产系统等新型物流设备和技术，企业开始认识到物流对降低经营成本、控制库存风险的重要意义。

（3）物流3.0：电子化物流

20世纪90年代中后期，互联网技术的快速发展，有力地推动了物流业革新，物流业开始迎来电子化物流阶段。该阶段，条形码和EDI

（Electronic Data Interchange，电子数据交换）技术在物流领域得到了广泛应用，以EDI技术为例，物流企业基于EDI建立的标准开展数据交互及处理工作，实现报关、支付、库存管理、订货等环节的电子化，为物流数据搜集和分析奠定了基础，并提高了物流效率。

（4）物流4.0：智慧物流

得益于AI、物联网、大数据、云计算等技术的进一步发展，物流业开始向智慧物流阶段迈进。中国物流技术协会信息中心于2009年12月提出了智慧物流的概念，强调智慧物流通过运用集成智能化技术，赋予了物流系统类似人一般的学习、感知、思考、自主行动等能力，可以协助甚至取代人工完成运输、仓储、包装、装卸、配送、信息处理等多种物流作业。

智慧物流技术架构及功能

智慧物流的运作流程大致上可以划分为三个环节：首要环节，即智能终端通过综合运用红外感应技术、激光扫描技术和射频识别技术而获得物品的相关信息；中间环节，即通信设备将物品信息以数据的形式上传至智能数据中心；最终环节，即智能数据中心对数据进行收集、分类、分析以及管理等。

通过智慧物流的运作流程不难看出，智慧物流的建立需要以物流网为基础，通过整合物流领域所涉及的互联网、物联网和传感网等，对物流进行科学、动态、精细的管理，从而提升物流行业的网络化、可视化、可控化、自动化和智能化水平，创造更加丰富的经济和社会价值。

◆智慧物流的技术架构

智慧物流所涉及的技术架构包括感知层、网络层和应用层三个层次，如表1-1所示。

表1-1　智慧物流的技术架构

技术架构	具体内容
感知层	即综合运用多种感知技术获取物品的相关信息，也是智慧物流系统的基础和起点。在具体的实践过程中，智慧物流感知层可以应用到的技术有：无线传感网技术、机器视觉感知技术、语音感知技术、红外感知技术、传感器感知技术、GPS移动感知技术、RFID感知技术、条码自动识别技术等。可以说，任何可以对物品进行感知的技术都有可能应用于智慧物流系统中，但具体的应用还需要考虑技术成本以及系统需求等方面的问题
网络层	即与智慧物流系统相关的神经网络和虚拟空间。在感知层获得的物品的数据信息可以传输至网络层，继而借助于人工智能、云计算、大数据等技术对数据信息分析和处理，产生相关的决策指令。然后，这些决策指令能够借助于感知通信技术传输至执行系统
应用层	即智慧物流的应用系统，直接决定了智慧物流系统在现实中多种应用的实现。网络层的决策指令到达应用层后，便能够实现实时的执行和操作

◆智慧物流的主要功能

基于智慧物流的技术架构，其具备的主要功能包括感知功能、规整功能、智能分析功能、优化决策功能、系统支持功能、自动修正功能和及时反馈功能等，如图1-3所示。

图1-3 智慧物流系统的主要功能

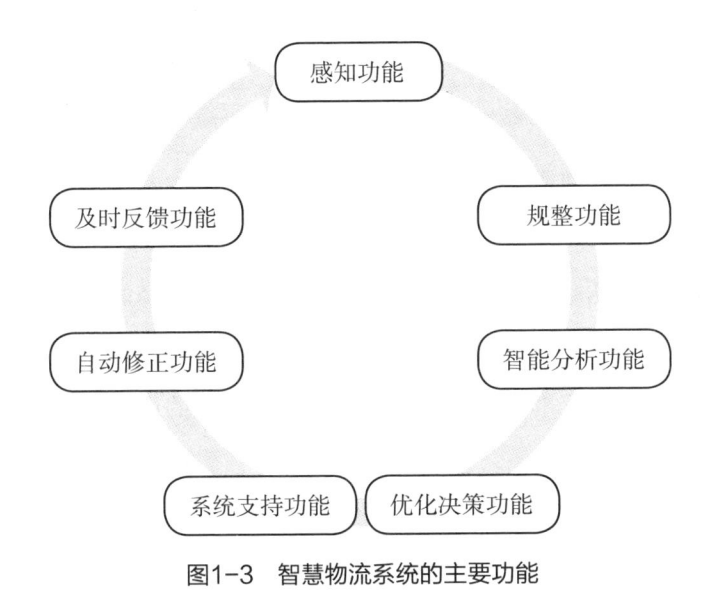

（1）感知功能

智慧物流系统包括包装、仓储、运输、配送以及装卸搬运等多个环节，每个环节都会产生大量的数据信息，而借助于感知技术对这些信息进行实时获取，是智慧物流得以高效运转的前提。

（2）规整功能

在智慧物流系统中，经过感知层收集的数据传输至数据中心后，需要进行归档处理。而对数据信息进行处理的第一步，即按照数据的类型进行分类和规整。如此，才有利于数据库中数据的开放和联动。此外，结合物流系统对于数据和流程的标准化，能够将不同平台的数据和系统进行整合。

（3）智能分析功能

相比于传统的物流系统，智慧物流系统的主要功能之一即智能分析功能。借助于智能模拟器模型的不同的手段，智慧物流系统可以对物流运转过程中出现的问题进行分析，并根据问题提出假设。通过理论与实践的结合，以及连续的发现问题、验证问题的循环，系统可以及时发现物流作业中的薄弱环节或者漏洞，并指挥进行修改和调整。

（4）优化决策功能

智慧物流在实践的过程中，根据不同的需求需要做出不同的决策。而为了提升决策的准确性和科学性，就需要对相关的质量、服务、时间、成本以及碳排放量等标准进行分析，并预测可能存在的风险的概率，在此基础上制定出最优的决策。

（5）系统支持功能

智慧物流系统之所以具有极高的智慧化水平，原因之一就在于智慧物流的各个环节并不是各自独立的，而是能够相互连接、共享数据。从而在实现物流资源优化配置的同时，也使得各个环节能够协同合作、整个物流系统可以良好运转。

（6）自动修正功能

借助于物联网、大数据、云计算以及人工智能等先进技术而打造的智慧物流系统，不仅从各个环节提升了物流的自动化、智能化水平，而且可以实时发现物流作业中存在的问题并进行修正，使得系统能够自动遵循最科学准确的方案运行。

（7）及时反馈功能

由于物流系统在运行的过程中需要进行实时更新，因此为了保证系统的完善，就需要进行及时的反馈。实际上，在智慧物流的各个环节中，反馈都是必不可少的，其不仅便于物流工作者实时掌握相关的信息，而且为系统问题的解决提供了可靠的保障。

智慧物流的场景应用与路径

决定智慧物流发展水平的技术主要包括三个领域，即物联网、大数据和人工智能。其中，物联网和大数据技术的发展已经相对比较成熟，商用的规模也逐步扩大，而人工智能技术仍然处于研发阶段，具有广阔的发展前景。

就三者之间的关系来看，物联网技术能够为大数据技术提供丰富的数据资源，而大数据技术则可以充分挖掘数据中蕴含的价值，二者之间互为依托。人工智能技术，则可以看作大数据技术的升级。因此，物联网、大数据和人工智能技术的发展方向，也就成了智慧物流升级迭代的关键。

◆ **物联网技术**

虽然物联网的相关技术已经比较成熟，而且商用的规模也在不断扩大，但在物流行业，物联网技术的大规模应用仍然存在一定的难度。比如，由于技术的发展以及成本方面的影响，物流领域溯源的主要载体仍然是二维码。未来，随着传感器技术的不断突破，包括RFID等在内的低成本无线通信技术也会拥有广阔的应用空间。

物联网主要有以下四个物流应用场景，如表1-2所示。

表1-2 物联网在物流领域的应用场景

应用场景	具体内容
产品溯源	借助于传感器技术，能够对物流作业中的所有物品进行溯源。以农产品为例，包括种植或养殖的条件、药物的应用情况、运输过程的时间和温度等在内的所有从生产到运输再到销售过程的信息都能够通过传感器实现获取和呈现。而且，借助于区块链技术，所有的相关信息都是可追溯的、无法任意进行篡改的，这也在一定程度上避免了物流领域的漏洞
冷链控制	对物流过程有特殊要求的物品，可以在运输装置内部安装温度调节和控制设备，以对物流作业全过程的温度等进行监控，保证运输的条件符合需要
安全运输	在物流的整个过程中，相关人员的安全问题不容忽视。借助于物联网技术，能够对车辆和司机的状态进行实时监控，避免出现超速超载、疲劳驾驶等可能导致交通事故的情况
路由优化	通过在物流作业相关的车辆和工具上安装信息采集设备，可以实时获取天气、路况等数据，并将相关的数据信息传输至后台信息中心，就可以经过分析后对车辆进行调度优化

◆ **大数据技术**

由于大数据技术所拥有的无穷的发展潜力，众多互联网巨头或科技新贵企业已经纷纷成立大数据分析部门或团队，对大数据技术进行研究和布局。而且，为了能够为大数据产业提供丰富的数据资源，关于物流等领域的数据资源的收集、分析以及应用等也会逐渐成为企业研发的重点。

大数据技术主要有以下四个物流应用场景，如表1-3所示。

表1-3 大数据在物流领域的应用场景

应用场景	具体内容
需求预测	通过对物流行业相关的用户和商家的数据进行收集和分析，能够进行需求的预测，从而为运输环节或仓储环节的规划提供指导。目前，大数据技术在智慧物流领域的需求预测上已经具有了一定的应用，但预测的精度仍然有待进一步提高

续表

应用场景	具体内容
设备维护预测	智慧物流领域包含各种各样的设备，通过在设备上安装芯片等装置，就能够实时获取设备的运行数据，并对其运行状况进行分析和预测。当预测到可能出现的问题时，就可以进行针对性的维护，以避免事故的发生、提高机器的寿命
供应链风险预测	与物流系统相关的供应链是物流风险的高发环节之一，而通过大数据技术进行供应链数据的收集和分析，能够对贸易风险等状况进行预测
网络及路由规划	基于对相关类型数据的挖掘和分析，能够构建相应的数据模型，从而对物流布局进行优化。比如，通过挖掘相关产品的消费者数据，能够为仓储布局提供一定的参考，提前在消费者需求较高的区域进行备货。甚至可以在具体的物流作业中实时优化运输路线，使得运输车辆可以选择最佳的路线进行运输和配送

◆ AI技术

人工智能作为一种前沿的交叉学科，其发展需要依托两个方面：其一，是囊括计算机技术和通信技术的信息技术，比如高效的通信网络系统、实力强大的云计算平台和复杂的运算系统等；其二，是指边缘计算机节点、芯片以及嵌入式设备的智能设备。

随着大数据、云计算日趋成熟，新时代下，人工智能技术将主要以AI+某一具体行业或产业的形式呈现，物流就是其中重要的产业之一。AI技术主要有以下五个物流应用场景，如表1-4所示。

表1-4 AI技术在物流领域的应用场景

应用场景	具体内容
智能运营	人工智能技术的发展，将会使得运营规则引擎具备机器学习能力，能够进行自适应和自学习。比如，运营规则引擎在人工智能技术的辅助下，可以分别对高峰期和日常的订单设置不同的运营规则，比如运费、交付时效等，改善用户的物流体验
仓库选址	仓储是物流系统中最为重要的环节之一，仓库的选址需综合多种因素进行考量。而借助于人工智能技术，系统可以自动地分析建筑成本、劳动力可获得性、运输经济性、生产商的地理位置等，并持续进行优化和学习，从而给出最为理想的仓库选址方案

续表

应用场景	具体内容
决策辅助	借助于人工智能技术，可以使得物流系统具备较强的机器学习能力，能够自动学习优秀的管理和决策经验。因此，在具体的应用场景中，物流系统可以在识别相关的人、车、物等状态的基础上，实现自动决策或辅助决策
图像识别	运单的填写是物流作业中不可或缺的一个环节。但通过人工输入的方式填写运单，不仅工作量极其巨大，而且会导致一定的错误率。而借助于卷积神经网、地址库以及图像识别等技术则可以大大提升运单填写的效率和准确率
智能调度	一般情况下，物流作业所涉及的环节众多，而且作业量大。而基于人工智能对物品的体积、数量等进行分析，就能够为物品的包装以及运输等环节进行智能调度。比如，对包装箱的尺寸以及物品的体积进行测算后，便可以通过应用算法技术，对所需的耗材和包装的顺序等进行计算，从而更加合理地对商品进行包装和摆放

智慧物流的作业技术和发展趋势

智慧物流，可以说是物流发展的必然趋势。智慧物流概念的提出，一方面符合物联网发展的趋势，物联网的发展及其与其他产业的融合使得物流业也应该在各个环节实现智能控制；另一方面，也顺应了物流业本身升级和进化的需求，智慧物流所带来的实时化、可视化、自动化、网络化与智能化等，不仅仅可以大大降低所需的成本，而且有助于改善服务并提高效率。

◆ **智慧物流的作业技术**

新兴技术的发展以及物流行业的需求，使得物流业向智慧物流转型的进度逐步加快。智慧物流的发展，不仅能够为相关的需求方提供更好的服务，而且能够促进整个行业的进化。具体来看，智慧物流的落地可以体现在仓储与分拣、转运、配送等多个相关的场景中，其所涉及的作业技术则包括仓内技术、干线技术、末端技术与"最后一公里"技术。

(1)仓内技术：货物仓储与分拣

在传统的物流仓储环节中，往往需要耗费大量的人力、物力，不仅成本高、效率低，而且极容易导致物品无序堆放，且缺少跟踪流程。而借助于物联网的仓储技术，在降低人工成本、扩大存储容量、提高货物流通效率的同时，也能够对所有物品的进出情况进行实时地跟踪和显示。因此，仓内技术的应用使得交货的准确率大大提升，而且使得物流作业中数据的查询、备份、统计以及报表的生成和管理等流程的效率也得到明显改善。

由于仓内技术的应用也离不开货物识别、无人驾驶、可穿戴设备以及机器人与自动化分拣等技术的发展，而可穿戴设备等仍然处于研发阶段，所以仓内技术仍然有比较大的提升空间。

(2)干线技术：运输监测

对物流运输过程进行监测，不仅能够降低运输成本、提高运输效率，而且便于了解运输全过程，可以更好地确保货物的质量不受影响。而依托于干线技术就能够对运输过程中货物和车辆的情况进行实时监控。

干线技术的应用，不仅能够对车辆和货物的位置进行跟踪，而且可以获取运输中的温度、湿度等环境数据，同时还可以记录车辆的速度等驾驶状态。由此可见，通过干线技术，可以全面地捕获相关的货物、司机以及车辆等信息。所以，可以预见的是，干线技术商用化的推进，将有望改变干线物流的现有格局。

(3)末端技术：智能快递柜

对物流行业而言，末端环节既是难点也是痛点。而借助于物联网技术的智能快递柜不仅可以高效而准确地对物品进行识别、存储、监控和管理，而且能够与后端服务器一起组成智能快递投递系统。在智能快递柜设备端进行相关的操作后，后端服务器便能够实时进行信息的采集和处理，以便于后续的查询、调配以及终端维护等操作。

目前，以智能快递柜为主要应用场景的末端技术，已经进入了较为成熟的商用领域。但综合用户的需求以及成本等方面的原因，末端技术的发展仍然具有一定的不确定性。

（4）"最后一公里技术"：无人机与3D打印

与物流的最后一公里技术相关的主要包括无人机技术和3D打印技术。其中，无人机技术的发展已经相对比较成熟，以顺丰、京东等为代表的物流企业已经陆续开启了相关的商业测试；而3D技术则仍然处于研发阶段，以亚马逊等为代表的物流企业已经逐步进行技术储备。

◆智慧物流的未来发展趋势

目前，智慧物流的特征主要体现在以下几个方面，如图1-4所示。

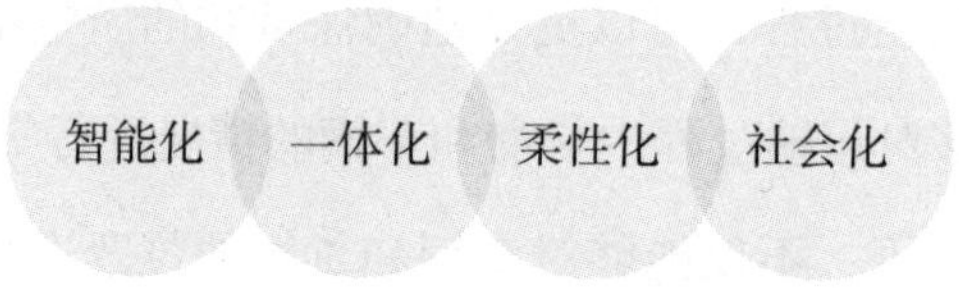

智能化　一体化　柔性化　社会化

图1-4　智慧物流的未来发展趋势

（1）智能化

所谓"智能化"，指的是物流行业各个环节相关决策和行为的智能化。可以说，智能化是物流业发展的必然趋势。随着信息通讯技术、人工智能技术以及自动化等技术的发展，物流作业中的仓储、包装、路线规划、分拣以及配送等都能够实现更高效率和质量的运作。

（2）一体化

所谓"一体化"，指的是物流作业装卸、运输等各个环节的一体化管理。对物流作业进行一体化管理，不仅能够提高物流资源的利用效率、减少相关的资源浪费；而且能够大大提升物流运作的效率，缩短交付需要的周期。

（3）柔性化

所谓"柔性化"，指的是物流作业的各个环节将以用户为中心，能够从用户的个性化需求出发进行产品或服务的定制。目前，我们已经进入消费者主权时代，物流行业与很多行业类似，都需要提升产品及服务的个性化和精准性，而柔性化就是物流企业以服务创新作为利润增长点的重要举措。

（4）社会化

所谓"社会化"，指的是智慧物流的发展不仅会推动物流行业全球资源的整合和利用，也将带动多个产业的协同发展。目前，经济全球化的趋势正逐渐深入，物流领域的跨区域、跨国需求也将不断增长，而智慧物流的发展，不仅有利于促进物流领域不同区域和国家之间的高效协同合作，也能够更好地满足用户的个性化需求，打造一个覆盖全球的社会化智能物流体系。

02 物流科技：技术驱动的效率革命

降本增效：物流科技的本质

5G、人工智能、大数据等技术不断发展，在物流行业深入应用，促使物流行业发生了深刻变革。从本质上看，物流科技就是企业利用固定成本代替变动成本，然后再通过增加业务量摊薄固定成本。

根据美国著名经济学家罗纳德·科斯提出的"交易费用理论"，当市场的交易成本高于企业的管理成本时，企业就诞生了。也就是说，企业存在的目的就是用成本较低的企业内交易代替成本较高的市场交易，降低市场交易成本。当市场交易的边际成本与企业内部管理协调的边际成本相等时，企业就要开始扩张。物流企业的发展也遵循了这个规律。

◆ **物流科技：驱动物流企业降低边际成本**

随着制造业不断发展，货物规模快速增长，制造企业的货物管理成本也随之上涨。当制造企业的内部管理成本高于外部交易成本时，物流企业就诞生了。在这种情况下，制造企业将运输业务外包给物流企业，整合企业内部的资金、人力、物力等资源专心发展核心业务，以达到降低管理成本、发展核心业务的目的。同时，物流企业通过拓展业务范围，承担多家企业的运输业务，可以达到规模效应，降低边际成本，实现快速发展。

随着物流企业的数量越来越多，相互之间的竞争会愈演愈烈。为了抢占客户资源，物流企业相继推出价格战，导致经营利润不断下降，一些小型物流企业破产退市。目前，物流企业面临的首要问题是运费不变，但客户对服务的要求却越来越高，再加上价格战对企业利润的挤压，为了保持长久的竞争力，物流企业必须引进先进的物流技术，优化服务流程，提高物流质量与效率。

从本质上看，物流企业引入物流技术就是用固定的机器成本代替可变的人力成本。随着业务量不断增长，物流企业引入先进机器所产生的边际成本会不断下降，从而达到降低运营总成本的目的。

以库内扫码为例，假设安装一台扫码仪的成本是1000元，当物流转运中心每天的货物量是1000件时，需要聘请1人，成本为100元。在这种情况下，扫码仪的安装成本远远高于人工成本。但当转运中心的货物量增长到10000件时，需要聘请10人，成本为1000元，此时安装扫码仪的成本与人工成本持平。随着转运中心的货物量继续增长，安装扫码仪的成本就会低于人工成本，其优势就会显现出来。

从专用性角度来看，物流科技可以划分为物流专属科技和其他行业通用科技两大类。其中，物流专属科技主要包括分拣AGV（Automated Guided Vehicle，自动导引运输车）、快递柜、无人配送车、智能挂厢、车辆调度管理系统等；其他行业通用科技包括搬运AGV、无人叉车、无人驾驶、5G、RFID以及其他数字化系统等。

◆**科技创新对物流行业发展的影响**

虽然5G、人工智能、大数据等先进技术已经在制造业领域实现了广泛应用，但在物流行业的应用才刚刚起步，并且只局限在标准化程度较高的几个环节。随着物流科技不断发展，企业对物流科技的探索表现出一定的差异，有些企业选择了自研自用，有的企业选择与合适的供应商合作，获取自己需要的技术。未来机器必将取代一部分人工，而物流行业能否做到无人化，在很大程度上取决于物流企业要为此投入多少成本，能获得多少收益。

（1）物流公司不是科技公司，自研自用道路不可行

目前，为了更好地开发与应用物流技术，一些物流企业组建了自己的技术团队，自行开发系统并应用。但物流企业毕竟不是科技企业，他们只是科技成果的应用者，虽然引入先进技术可以降低企业的运营成本，提高物流效率，但将大部分资源投放到科技研发领域，忽略主营的物流业务，会在很大程度上削弱自己的竞争力。

（2）科技不是企业的核心竞争力，而是准入门槛

虽然科技在物流企业的应用可以产生降本增效的效果，但发展科技不是物流企业的最终目的，只是物流企业构建自身竞争力的一个手段。虽然顺丰、德邦等大型物流企业每年都会在物流科技研发方面投入巨额资金，但不是所有物流企业都有如此雄厚的资金实力去开发前沿技术，也不是所有物流企业都重视科技，并且尝试将其打造成自己的核心竞争力。

（3）投入与产出最大化才是解决企业核心问题的关键

在引入物流科技方面，物流企业必须保持理智，正视物流科技只是一种辅助性工具的本质，不能盲目追捧热点，引进不适合自己的系统与设备，造成资源浪费。需要注意的是，目前，整个物流行业都在打价格战，想要真正做到降本增效，解决企业发展的核心问题，必须引入合适的物流科技，让投入与产出实现最大化。

物流节点：自动化物流分拣

传统的物流节点的操作方式为：仓库内人工分拣与搬运，后端人工派送，如果客户不方便收货要再次派送。引入物流科技之后，仓库内的货物分拣可以使用交叉带分拣机，货物运输可以使用AGV，终点派送可以使用快递柜，使物流运输效率有了质的提升。如表2-1所示。

表2-1 物流节点的科技应用

物流节点	功能	科技应用
仓内/中转	分拣、搬运	交叉带分拣机、AGV小车
接派	接派货	快递柜

◆人工分拣转变为机械半自动化分拣

美国UPS（United Parcel Service）最早使用交叉带分拣机，它是由小皮带机组成的一套分拣模块，可以形成环形的交叉分拣体系。在这套体系中，只有装卸货、供包和扎带等需要人工操作，货物搬运与分拣等工作都可以由机器完成，极大地降低了人工的工作量，提高了货物中转效率。随着国内电商快速发展，包裹量大幅增长，国内物流企业通过引入交叉带分拣机，实现了半自动分拣。

交叉带分拣机的体积较大，适合处理大中型货物或者大批量包裹，适合仓库面积大、包裹量大的快递企业、电商企业与制造企业使用，可以切实提高货物处理速度与效率。据统计，企业引入交叉带分拣机之后，原本人工分拣需要3小时才能完成的工作只需1小时就能完成，不仅提高了分拣效率，而且缩小了分拣误差（误差不超过0.01%）。

目前，国内大多数快递企业都引入了交叉带分拣机，但在供应商领域还没有出现比较大的巨头企业，行业分布比较分散，上市企业主要有德马、今天国际等，除此之外还有金峰、欣巴、德沃尔兴、普罗格、紫宏等企业。

◆ 全自动小车分拣阶段

2014年，AGV引起了广泛关注。AGV主要是利用二维码、磁带、激光等导引技术分拣货物，其中利用二维码和磁带导引的AGV在国内得到了广泛应用。根据载货功能的差异，AGV可以分为六种类型，分别是叉车式AGV、轨道式AGV、牵引式AGV、驮举式AGV、拣选式AGV和机器人式AGV。AGV可以对大批量货物进行连续分拣，再加上断点续传的特点，使得其在电商、快递、服装、医疗等企业的仓库中得以广泛应用，主要用来分拣一些体积较小的产品。

目前，国内主营AGV的企业以海康和新松为代表，除此之外还有极智嘉、快仓、欧凯、国自、马路创新、井松、立镖、艾瑞思、海通、木蚁等。

◆ 快递柜提升收派件效率

随着电商快速发展，包裹数量急剧增长，过去面对面交付快递的方式不再适用。一方面因为人们的空闲时间不统一，快递员经常面临客户不方便收取快递，需要另外约定时间派送的情况，极大地影响了快递派送效率；另一方面，人们收取快递的时间大多集中在晚上，给快递员的工作时间安排带来了一定的困扰。

快递柜的出现在很大程度上解决了这一问题，24小时的派件能力极大地提高了派件效率，降低了快递员的派件压力。另外，快递柜还具备寄送快递的功能，可以将区域内分散的寄送包裹集中在一起，缩短了快递员收取快递的时间，提高了取件效率。

目前，国内快递柜市场出现了两大巨头，一是丰巢，一是速递易，二者的快递柜数量之和超过了20万组，占据了快递柜行业90%的市场。另外10%的市场主要由京东、菜鸟自营的快递柜，江苏云柜、富友收件宝、近邻宝等第三方快递柜占据。

快递运输：向科技要效率

近年来，智能挂厢、无人驾驶、车辆调度系统在快递运输行业广泛应用，促使物流迈入一个全新的发展阶段，如表2-2所示。

表2-2 物流运输的科技应用

物流运输	功能	科技应用
运输	降低人力成本	无人驾驶
配载	提升配载效率	智能挂厢

◆智能挂厢重塑配载新模式

为了提高牵引车的利用率，减少牵引车在转运场外的等待时间，近年来，甩挂运输在物流运输行业得到了广泛应用。甩挂运输指的是机动车将半挂车、全挂车或者货车底盘上的货箱运输到目的地之后，再拖带其他满载货物的车厢返回原地，或者驶向新的目的地。这种运输方式可以极大地提高物流运输效率。

但在国内，人们对甩挂运输的理解过于表面，将管理重心放在了车上，而不是甩挂方面。需要注意的是，甩挂运输不是将车头与车厢简单地组合在一起，而是需要对挂厢进行信息化升级。智能挂厢就是为挂厢安装GPS与自动量重量方功能，不仅可以实时监控货物位置，而且能够提前对货物进行重泡比搭配，使装货效率得以大幅提升。

目前，在国内的智能挂厢市场上，G7、克诺尔以及各大挂厢制造商、租赁商等是典型代表，他们都对挂厢进行智能化升级，使干线运输效率得以大幅提升。

◆ **无人驾驶直接降低干线司机成本**

无人驾驶指的是利用车载摄像头、雷达等传感器，在高精度地图的辅助下，让车辆在没有人类司机干预的情况下自动驾驶的一种技术。一般情况下，长途甩挂车辆往返需要两名司机。在无人驾驶技术的支持下，长途甩挂车辆只需要配备一名司机，甚至多辆车可以编队行驶，只需要为头车配备一名司机，极大地降低了物流运输的人力成本。

目前大多数无人驾驶车辆处在L3级别，仍然需要人类驾驶员在行驶过程中观察周围环境，执行各种操作；L4级别的无人驾驶在港口、矿山等封闭场景中有所应用，但也需要配备人类驾驶员处理一些紧急情况，典型代表有重汽T5G电动卡车、一汽解放J7、东风天龙重卡等。

在供应端，目前国内开发无人驾驶车辆的企业有很多，可以分为三大阵营，一是以嬴彻、图森未来、智加、智行者等为代表的科技公司，二是以四维图新、百度、高德等为代表的专业地图企业，三是各大主机厂商。

物流管理：数字化运营系统

物流行业的数字化系统主要包括OMS（Order Management System，订单管理系统）、WMS（Warehouse Management System，仓储管理系统）、RFID、TMS（Transportation Management System，运输管理系统）以及车辆调度系统，可以大幅提升信息流的传导效率，提高多重业务处理的灵活性，颠覆传统的管理方式，切实提高物流企业的运营效率，如表2-3所示。

表2-3 物流管理的科技应用

管理	功能	科技应用
订单	提升订单处理效率	OMS
仓储	提升出入库效率	WMS、RFID
运输	解决交付问题	TMS
调度	车辆调度、路线优化	车辆调度系统

◆OMS：提高订单处理效率

OMS可以帮助企业建立订单执行、监控以及KPI考核体系，直接处理客户订单，跟踪订单的执行过程，并进行动态反馈。最重要的是，OMS可以对不同渠道的订单进行统一处理，不仅可以让客户获得全面的订单服务体验，而且可以大幅降低人工管理订单的成本，切实提高订单处理效率以及物流企业的运营效率。

◆WMS：提升货物存储以及出入库效率

WMS主要具备库存盘点、流转控制、出库拣选等功能，可以直接进行货物清点，安排发货，在很大程度上提高了仓库运营效率。在货物入库、出库方面，WMS引入RFID技术，可以对货物进行远距离扫描与识别，数据存储容量、使用寿命等都得以大幅提升。在实际应用的过程中，RFID可以为货物添加标签，并将相关信息保存下来，为后续出入库提供了极大的方便，不仅降低了货物出入库的管理成本，而且提高了效率。

目前，在国内的RFID市场上，信达、航天信息、达华、思创、新开普、德鑫、远望谷等企业表现较好，其产品在各行各业得到了广泛应用。除此之外，以华翔天成、艾韦讯、浩创为代表的企业改变了RFID设备手持把枪的形式，提高了货物出库入库的效率。

◆TMS：解决运输交付结算问题

TMS主要有四大应用场景，分别是车队管理、车货匹配、货物监控和交付结算，该系统的应用不仅提高了物流企业内部的信息传输效率，而且提高了物流运输效率，实现了对整个物流运输过程的可视化管理。

◆车辆调度系统：分配运力，优化行驶路径

在物流运输过程中，如果物流运输企业可以优化车辆调度，合理规划行驶路径，就可以在很大程度上节约物流运输时间与成本。在实际运输过程中，人脑很难在短时间内处理各种数据，生成最优的车辆调度与路径优化方案。在这种情况下，车辆调度系统就发挥了重要作用，它可以利用各种算法模型优化车辆调度，规划最佳的行驶路线，从而提高运输效率，降低运输成本。

03　面向智能制造的智慧供应链建设

科技赋能供应链创新

供应链是面向客户需求，通过对各个环节的资源进行整合，让产品设计、采购、生产、销售、物流、售后服务、信息等环节相互协同，最终提高产品质量、服务效率与整体竞争力的一种组织形态。制造业的供应链体系是制造业供应链相互融合、相互作用形成的，为制造业的发展提供了强有力的支撑。

改革开放以来，我国制造业飞速发展，已经成为制造业大国。按照国家发展规划，未来，我国制造业要补齐短板，提升整体竞争力，形成新的竞争优势，从制造业大国向制造业强国转型发展。在此形势下，面向智能制造创建一个更加强大、更加安全、智能化程度更高的供应链体系意义深远。

供应链管理能力的提升可以帮助制造企业提升整体竞争力，推动制造业转型升级，打破制造业与服务业的边界，对供应链上下游企业进行整合，推动制造业与服务业深度融合，从而催生新业态、新产品、新服务。

从全球视角看，敏捷化、短链化、智慧化、生态化、安全化、绿色化是制造业供应链的发展方向。因此，我国在推动供应链体系升级的过程中，需要与全球供应链发展趋势相结合，找到适合我国的发展道路。

智能制造是"中国制造2025"的重要抓手，也是制造业转型升级的重要途径。随着生产、信息、物流等要素不断智能化，制造业供应链体系亟需实现转型升级，为智能制造的实现提供强劲的推动力，增强企业的核心竞争力。

2017年10月，国务院办公厅印发的《关于积极推进供应链创新与应用的指导意见》明确提出，供应链建设要以客户需求为导向，提高供应链质量与效率，通过对各种资源的优化整合，推动产品设计、产品采购、产品生产、产品销售、产品服务等环节实现高效协同。

现阶段，全球经济已进入供应链协同时代，企业间的竞争已转变为企业供应链之间的竞争。在智能制造环境下，制造企业要想在激烈的市场竞争中脱颖而出，就要创建更加智慧、更加高效的供应链。智慧供应链与传统供应链不同，涵盖的市场要素、技术要素、服务要素更多，表现出五大显著特点，如表3-1所示。

表3-1　智慧供应链的五大特征

序号	主要特征
1	侧重全局，强调"牵一发而动全身"，注重系统优化，提升整个供应链的绩效
2	强调与供应链上下游企业分享信息，通过需求感知形成需求计划，聚焦端到端的整合，在此基础上做好智慧供应链的构建

续表

序号	主要特征
3	注重精准、有效地提升客户服务满意度，推动产品与服务持续迭代升级
4	更强调立足于制造企业构建平台功能，涉及产品生命周期、流程、供应商、市场、信息等多元化的要素
5	强调以全价值链为基础开展精益制造。精益制造涵盖了精益生产、精益物流、精益采购、精益配送等多方面的内容

对于制造企业来说，智慧供应链对其产生了深刻且深远的影响。随着信息技术不断发展，智能制造持续推进，传统的供应链与物联网深度融合，智能供应链应运而生。在智慧供应链模式下，制造企业传统的运作方式发生了根本性变革，促使整个制造业得以重构。在传统供应链中，商流、资金流、信息流被割裂。进入智慧供应链时代之后，在互联网技术的作用下，这些因素被连接到一起，为现代供应链管理奠定了扎实的基础。

近几年，人工智能、云计算、工业机器人等新一代物联网技术实现了广泛应用，商流、物流、资金流、信息流实现了高效连接，传统供应链迈向了智能供应链。生产制造企业的生产系统与智能供应链对接，借助智能虚拟仓库与精准物流配送，生产企业可将大部分人力、物力、财力投入制造环节，无需建立实体仓库，使整个制造业的运作流程得以根本改变，使管理效率、生产效率得以切实提升。

智能制造驱动的物流变革

随着智能制造不断发展，作为智慧供应链的重要组成部分，智慧物流将成为制造业物流发展的新方向。也就是说，制造业将以互联网、物联网为依托对物流资源进行整合，使生产者与消费者建立直接连接。在此形势下，物流系统要做出何种变革呢？具体如图3-1所示。

图3-1　智能制造驱动的物流变革

◆ **高度智能化**

对于智能物流系统来说，智能化是最显著的特征。智能物流系统与自动化物流系统不同，不再追求存储、分拣等单一环节的自动化，而是广泛应用机器人、WMS、RFID、激光扫描器等智能化设备与软件，与物联网技术、计算机技术、人工智能技术、信息技术等技术相融合，打造智能化、自动化的物流过程，使智能制造与智能物流实现高度融合。

◆ **全流程数字化**

借助智能物流系统，制造企业内部、外部的物流流程可相互连接，对整个物流网络进行实时控制。要想实现这一目标，关键要构建数字化的物流流程，做到全流程数字化，只有这样才能真正打造智能化的物流系统。

◆ **信息系统互联互通**

在智能制造环境下，物流信息系统要不断迭代升级，满足智能制造提出的更多要求。一方面，物流信息系统要与更多设备、系统相互联通、融合，构建更加流畅的供应链体系。另一方面，物流信息系统要以互联网、人工智能、CPS（Cyber-Physical Systems，信息物理系统）、大数据等技术为依托，构建高度透明、可实现实时控制的网络体系，保证数据安全、准确，促使整个物流系统实现正常运转。

◆ **网络化布局**

网络化强调要让物流系统中的各项物流资源实现无缝连接，使原材料采购到商品交付的整个过程实现智能化。在智能物流系统中，各项设备不是独立运行，而是要通过物联网、互联网技术实现智能连接，形成网状结构，提高信息交互速度与效率，实现自主决策。在这种网状结构下，整个物流系统运作效率极高，而且高度透明，使每台设备的作用可以最大程度发挥出来。

◆ **满足柔性化生产需要**

"大规模定制"是智能制造最显著的特征，指的是由用户决定生产内容与生产数量，生产企业照章执行。进入智能制造时代之后，物流系统必须应对一系列挑战，比如产品创新周期越来越短，生产节奏持续加快，客户需求愈发个性化等。为此，生产制造企业要开展柔性化生产，根据客户的个性化需求对生产环节进行灵活调整，在满足客户需求的同时降低生产成本，提高生产效率。

智慧供应链面临的挑战与路径

随着《中国制造2025》战略不断推进及相关政策相继出台，我国制造业智能化转型升级速度越来越快。在此形势下，智慧供应链建设逐渐成为制造业转型升级的必然趋势，在汽车、家电等企业智能化转型的过程中，智慧供应链生态圈得以构建。

目前，我国制造行业供应链系统建设存在以下问题，比如尚未对智慧供应链形成全面认知，物流信息化水平较低，智慧供应链战略不健全，存在信息孤岛，缺乏专业人才等。只有解决这些问题，才能做好智慧供应链建设，真正实现智能制造。下面针对我国智慧供应链中存在的问题，提出相应的发展对策与实践路径，如图3-2所示。

- 提高对智慧供应链的认识，强化供应链战略
- 建设智能物流系统，提高物流信息化水平
- 供应链上下游协同合作，打造智慧供应链平台
- 引进和培养专业的供应链人才

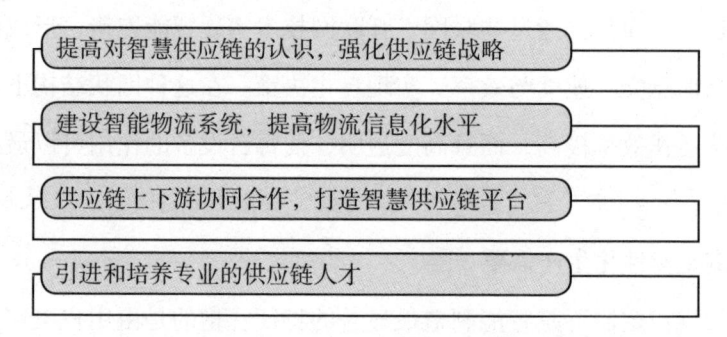

图3-2　我国智慧供应链的发展对策与实践路径

◆ 提高对智慧供应链的认识，强化供应链战略

欧美等发达国家的智慧供应链建设已较为成熟，但我国智慧供应链系统建设仍处在探索阶段，基础十分薄弱。同时，我国很多制造企业对供应链的本质认知不足，只知道智能制造是发展趋势，却不知其原因，也不明其做法，遑论从智慧供应链角度切入实现智能化转型了。所以，我国大部分制造企业都没有制定系统、科学的智慧供应链战略，也没有明确的价值方向为引导，导致制造企业的智能化转型面临了供应链困境。

为突破困境，我国制造企业必须增进对智慧供应链的理解，制定科学的供应链发展战略，明确供应链发展方向，比如提高产品流转效率，提高

客户服务的响应等级等，引领企业生产实现智能化，为企业运营目标的实现提供强有力的保障。

◆ **建设智能物流系统，提高物流信息化水平**

在智慧供应链体系中，智慧物流系统应促使智能化的物流装备、信息系统与生产工艺、制造技术与装备实现紧密结合。但就目前的发展形势而言，相较于生产装备建设来说，制造企业的物流系统建设比较滞后，物流作业仍处在机械化阶段，物流信息化水平较低，要想实现智能化、自动化，物流企业还需付出诸多努力。

在此形势下，制造企业要继续专注于智慧物流系统建设，促使物联网技术、信息技术、人工智能技术、大数据、云计算等技术在物流领域实现广泛应用，使物流信息化水平不断提升，使整个物流过程实现自动化、智能化，做好智慧供应链建设，推动智能制造真正落地。

◆ **供应链上下游协同合作，打造智慧供应链平台**

智慧供应链建设需要供应链上下游企业相互协同。现阶段，制造企业应通过物联网、云计算等信息技术与制造技术的融合做好智慧供应链平台建设，使供应链上下游企业的软硬件资源实现全方位联动，对人、机、物、信息等资源进行共享，进而做好智慧供应链生态圈建设。

◆ **引进和培养专业的供应链人才**

对于智慧供应链系统建设与智能制造的落地来说，专业的供应链人才是关键。但目前，很多制造企业都忽略了供应链人才的培养，导致专业的供应链人才比较匮乏。未来，企业智慧供应链建设要立足于人才建设，对现有员工进行培训，让其掌握供应链建设的相关知识与方法，同时，要与各大高校、科研院所合作，构建产学研一体化的供应链人才培养模式，为智慧供应链建设提供人才支持。

总而言之，智能制造的落地需要制造企业构建一个高度智慧的供应链系统，也要求供应链体系中的物流系统更加智能化。在此趋势下，制造企业要和供应链上下游企业开展深度合作，进一步加快智慧供应链建设，促使企业的智慧物流系统持续完善，切实完成从"中国制造"到"中国智造"的转型。

构建智慧安全的制造业供应链体系

经过几代人几十年的发展，我国拥有了世界上最完备的工业体系，成为联合国产业分类中工业门类最齐全的国家，拥有世界上最完整的供应链条，在全球供应链中的地位不断提升。但目前我国只能称为"工业大国"，而非"工业强国"，主要是因为我国制造业供应链体系建设仍不完善，在供应链主导权、安全性、有效性、智能化水平等方面与欧美等工业强国仍存在一定的差距。

具体来看，我国制造业供应链建设方面存在的问题主要是：对制造业高端环节的控制力不足，高端设备与仪器依赖进口，核心技术受制于人；供应链模式比较老旧，还没有形成战略性采购意识，没有与供应链建立合作，商流、物流、资金流、信息流还没有统一，供应链运作效率较低，运作成本较高；数字化、智能化技术虽然发展速度极快，但还没有与制造业供应链实现深度融合，制造业供应链存在比较严重的信息孤岛、数据分割、数字化基础设施薄弱、上下游企业缺乏联动等问题，横向、纵向以及端到端还没有实现高度集成，供应链敏捷化、柔性化程度较低，数字化、智能化水平亟待提升。

因此，构建智慧安全的制造业供应链体系就是要聚焦我国制造业供应链现存的各种问题，采取针对性措施予以解决，具体如图3-3所示。

- 完善供应链体系，优化供应链结构
- 健全制造业"物流、商流、信息流、资金流"服务体系
- 加强对全球供应链的战略规划设计
- 加快培育供应链"链主"企业
- 加强全球供应链管理人才的引进和培育

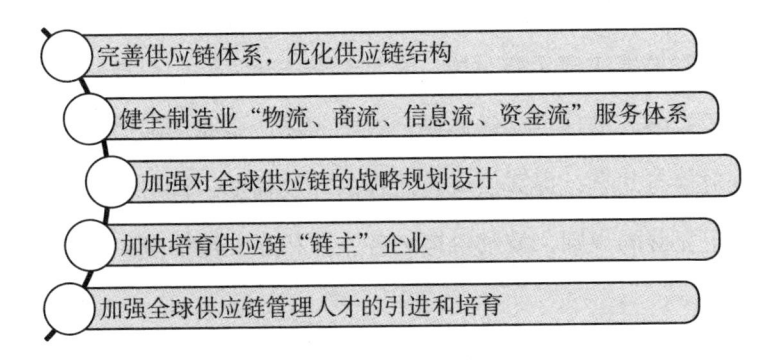

图3-3　我国制造业供应链现存问题的针对性措施

◆ **完善供应链体系，优化供应链结构**

从重点制造业企业的供应链切入，对现有的供应链体系、结构进行系统梳理，明确供应链主体，对战略资源进行统计分析，对供应链发展趋势进行预判，围绕供应链现存的各种问题与短板制定有针对性的解决方案，对供应链体系进行优化完善；引导制造企业改变供应链管理方式，摒弃传统的职能管理方式，向流程协同管理转变，并将传统供应链的线式、链式结构转变为网状非线性结构，促使原本独立的供应链深度融合，改变传统的粗放管理、单一组织内部管理方式，转向精准用户驱动管理以及跨组织、跨平台、跨体系协同管理，创建良好的平台生态。

◆ **健全制造业"物流、商流、信息流、资金流"服务体系**

加快建设物流枢纽城市，完善物流枢纽体系，打通各省、各市、各县之间的物流网络，并不断地向城乡延展，鼓励跨地区甚至跨境的物流基础

设施建设，打造内外结合、无缝衔接的现代物流服务体系，从时间与空间两个维度为制造业供应链创造价值。

同时，全面推进生产组织方式变革，建立健全电子商务、跨境交易平台等现代商贸流通服务体系，推动制造业与现代商贸流通体系深度融合，让供应端与需求端实现无缝对接；立足于全球化战略，引导制造业行业的领先企业积极融入全球供应链体系；鼓励制造业企业加强信息系统建设，实现数据对接与共享，提高供应链流程的开放程度；针对供应链数据的开放共享制定完善的规则，鼓励供应链各主体相互交流信息，完善信息流服务体系建设。

◆ **加强对全球供应链的战略规划设计**

国家要加强对全球供应链安全战略的研究，围绕制造业供应链安全体系建设做好顶层设计，根据我国制造业的发展情况制定全球供应链安全战略，创建多功能的企业、行业和国家供应链综合防御体系，维护信息安全、网络安全，实现态势感知、实时监测、通报预警、应急处置等功能，同时要创建全球供应链风险预警评价指标体系与预警机制，并面向关键产业建立健全供应链安全评估制度，同时面向国内制造业重点行业的龙头企业实施全球供应链"备链"计划，创建面向重点行业的供应链安全管理体系。

◆ **加快培育供应链"链主"企业**

鼓励优势企业立足于核心技术、创新能力、自主知名品牌、标准制定、营销网络，对供应链上下游资源进行整合，尽快在全球供应链中占据主导地位；充分发挥中小企业在供应链体系中的配套作用，鼓励中小企业向专、精、特、细的方向发展，形成以优势企业为主导，中小企业为辅助、高校科研机构与金融机构相协同的产业生态；充分发挥产业集群的作用，借助区域产业创新体系，创建区域供应链合作与创新网络。

◆ **加强全球供应链管理人才的引进和培育**

我国制造企业要借助人才引进计划引进一批专业的、具有战略思维的供应链管理人才，并与高校、科研机构、行业协会合作，做好供应链基础人才的培养与发展，尤其要做好供应链战略与规划、采购、物流、运输、仓储、报关、信息、金融等相关领域的人才培养工作，培养一支专业的人才队伍。

第二部分
5G物流篇

04　技术赋能：5G重新定义智慧物流

5G开启智慧物流新赛道

2019年6月6日，工业和信息化部正式向三大网络运营商发放5G商用牌照，标志着5G商用时代的来临。5G技术将带领我们步入一个万物互联的新时代，世界在这一时代中将变得高度协同，各个领域也将发生巨大变化。特别是在与人们生活息息相关的物流行业，5G技术将会带来效率、成本、体验等诸多方面的变革。

5G时代，数据正变得日益重要，这已经成为各行业的共识。对物流行业来说，一直存在着这样两个课题：一是怎样利用数据去掌控物流供应链各端，二是如何通过协同运作来提高物流运作效率和降低成本。这些课题能否取得巨大的进展取决于5G技术对网络革新的推动，因此，物流的发展离不开5G技术的支持，后者对前者的重要性不言而喻。

◆5G技术特征与应用场景

5G技术的全称是第五代移动通信技术，具有高速率、低时延和大连接的特点。与传统4G网络相比，5G网络的传输速率可达1Gbps，时延低于10ms，稳定性可达99.999%，能够进行海量数据的快速、精准传输。

5G是对4G的进一步升级与发展。对此，ITU 国际电信联盟对5G的主要业务场景进行了规定。通俗而言，5G应用场景在数据传输速度、时延性及连接性方面都具有更为明显的优势，如表4-1所示。

表4-1　5G应用场景的主要优势

应用场景	具体体现
eMBB（Enhanced Mobile Broad band，增强型移动宽带）	进一步加快数据传输，为诸多大流量移动宽带应用如VR（Virtual Reality，虚拟现实）与AR（Augmented Reality，增强现实）、超高清视频等提供支持
uRLLC（Ultra Reliable Low Latency Communication，超可靠、低延迟通信）	满足低延迟传输需求，有些应用需运用低时延通信技术，且无法以缓存方式弥补传输时延问题，具体如工业控制、远程手术、车联网等
mMTC（Massive Machine Type Communication，大规模机器类型通信）	有效地解决扩展性问题，能够实现海量连接，打破不同基站间的隔阂，为以物联网为代表的应用场景提供支持，完成数据获取任务

例如，5G网络借助低时延特点可以使各端更直观、及时、准确地获取数据，这就意味着物流数据能在5G网络的帮助下更快地触达设备端、作业端、管理端，实现各端之间的无缝连接。5G网络借助大连接、高速率等特点可以使网络技术获得大发展，实现万物互联，这就意味着物流行业能全面获取环境信息，将碎片化的物流信息转变为更有应用价值的"数据链"。5G网络不仅能更多、更广、更及时地采集和传输海量的信息，同时还能推动人工智能技术在物流领域的应用，让更多新技术为物流产业赋能。

数据在物流行业的应用主要分为三层：一是利用历史数据来改善物流工作；二是使用实时数据完成物流调度；三是利用数据实现物流各工作的协同。5G技术可以支撑物流行业模式的协同发展，具体来说，它能将数据智能植入物流工作的各个环节，并利用智能算力整合作业单元，形成服务模块和神经网络，实现"信息数据链"向"AI数据链"的转变。同时，它还能结合大数据推动各种智慧应用更大范围、更深层次地落地于物流领域。

◆ 巨头企业在"5G+智慧物流"领域的探索

目前，国内领先的物流企业已经开始在5G领域布局。举例来说，顺丰正积极探索机器视觉技术，尝试在5G的支持下延伸冷链可视化的应用范围；德邦与广东联通共同创建5G联合创新实验室，就冷链物流、干线物联网、物联网在末端配送领域的应用展开积极探索；京东物流携手中国联通网络技术研究院，共同攻克关键技术、建设智能物流示范园区，充分利用5G技术推动物流行业的发展。

此外，2018年12月，苏宁与中国移动达成战略合作，将在物联网、5G应用等领域拓展全新的战略合作方向。尤其是在5G应用方面，两大公司联合探索5G应用场景，努力推进5G技术在商业领域的应用。目前，苏宁已经在无人技术、设备智控、大数据等5G应用领域展开布局建设，并通过5G网络采集和整合数据，加强对物流供应链各端的控制；通过5G网络推动物流工作协同运作，从而提高物流效率、降低物流成本。

在传统物流向智慧物流升级的过程中，SAP[1]的应用能够发挥十分重要

---

[1] SAP全称System Applications and Products，是高度集成的企业信息化管理系统，包含财务、控制、采购、销售、生产等模块。

的作用,其价值主要体现在以下几个方面:

(1)推动企业在应用人工智能、大数据等技术的基础上发展成为数字化智慧物流企业,从而为客户提供更为优质的服务。在物流企业升级发展的过程中,SAP能够帮助企业提升数据收集、分析及管理能力,促进人工智能在更多场景中的应用落地。

(2)从技术层面为企业的数据利用及服务发展提供支持。企业实施业务管理时,可将SAP应用到具体的场景中,同时还能利用相关的产品或服务来解决管理过程中存在的问题。比如,运用SAP实施采购管理,对供销情况进行分析,优化库存安排。

(3)在物流企业实施中后台管理时提供支持,具体包括助推企业搭建清分结算中台,促使物流企业改革传统的业务模式,通过这种方式推动企业提高物流管理的智能化水平。

总体来说,物流企业可以利用SAP进行自身转型与升级,在利用人工智能、物联网完成数字化改造的基础上,面向客户推出创新式的数字化产品与服务,充分发挥科技力量的助推作用,实现对数据价值的深度挖掘。

5G物流的场景实现路径

根据圆通研究院发布的《5G网络技术在新一代物流行业中的应用》,

将5G在物流场景中的应用分为四个阶段，如图4-1所示。

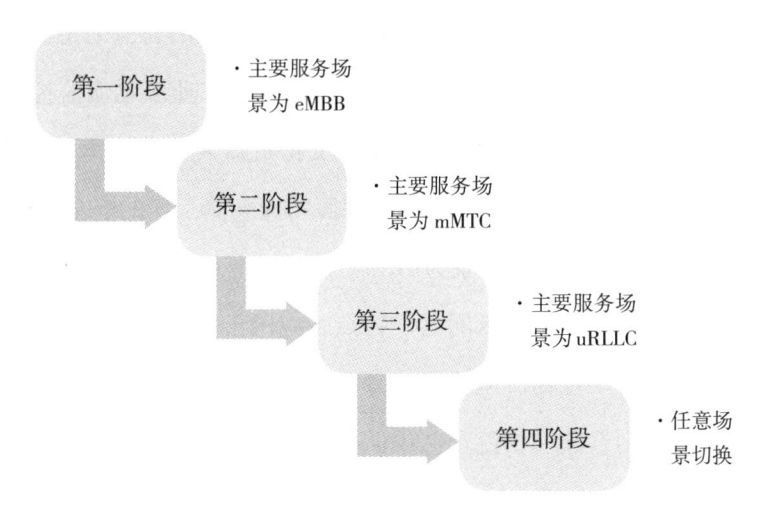

图4-1 5G物流应用场景的四个阶段

◆ **第一阶段：主要服务场景为eMBB**

5G网络具有高速率的特征，因此eMBB可以作为物流的主要应用场景，比如增强物流应用、物流数据计算平台、区块链物流安全平台等。其中，利用5G技术增强物流应用的具体场景包括：

（1）在仓储环节，利用5G技术与AR技术完成分拣和复核工作，同时，还可以利用这两种技术查看仓库的三维布局，帮助工程师完成仓库的设计和优化；

（2）在运输环节，利用5G技术优化装载、配载顺序，提高装配货的效率；

（3）在配送环节，利用5G技术优化配送路线，实现"最后一公里"物流覆盖。

◆ **第二阶段：主要服务场景为mMTC**

mMTC主要是建立在5G网络的大连接、海量接入的特点之上的，主要应用场景包括物流智能能源供给、物流智能仓储、工业级物流监控等。5G可为物流仓储提供优良的通信环境，有效支持机器人、穿梭车、可穿戴设备、分拣设备、AGV等的使用，有利于保障物流仓储工作的安全、高效。

◆ **第三阶段：主要服务场景为uRLLC**

uRLLC服务场景基于5G低时延的特点，应用于物流领域主要包括工业级视觉系统、全自动化物流运输等场景。其中，全自动化物流运输主要包括物流货车自动化驾驶、物流车队编队行驶、无人机快递系统、远程物流节点控制等。

需要注意的是，这里的自动驾驶与无人驾驶不同。圆通研究院将5G看作是无人驾驶技术的基石，5G具有低延时性，这为无人驾驶技术提供了商用契机。然而，无人驾驶的实现并不容易，可以说它是最难实现的5G场景之一。这是因为无人驾驶不仅需要技术条件，还需要规范和完善相应的安全机制、监督机制和法律机制；它既需要行业的努力推动，又需要国家的大力支持。

◆ **第四阶段：任意场景切换**

5G切片技术能助力5G的全面推广应用，利用这种技术手段，可以将各种业务场景融入物流体系之中，打造一体化物流体系。

5G技术能使整个物流行业产生巨大变化。对物流领域来说，有了5G网络就能更快速、更及时地掌握更多的数据信息。而物流从业者需要重点发力的地方是通过这些数据信息在物流应用方面实现进一步的突破，不断提升物流运作的效率和质量。将5G与人工智能、物联网、车联网、大数据等技术相结合，赋予海量边缘终端以智能处理能力，使它们具备像人一样的理解、推理和行动能力。在此基础上，还要演化生成更强大的人工智能模型，将无人仓、无人驾驶、无人配送等智能应用落到实处。

- 利用虚拟现实、增强现实、超高清传输、视频远距呈现、触觉互联网等技术为以下方面带来革命性重塑：一是重塑物流企业内部的监管和调度方式，二是重塑消费者的物流追踪服务体验。
- 利用传感器技术对设备进行日常预防性维护，渐进式提升设备的总体性能，实现设备的日常无人值守作业，同时也要不断提升无人仓、无人机、无人配送等的技术水平，加快推进这些技术的应用落地。
- 利用海量物联网、增强型户外无线宽带等技术不断丰富和深化车联网的应用，提升货车行驶安全性和驾驶舒适性。
- 利用5G、区块链、物联网等技术掌控物流全链路的动作和工序，同时将各个物流场景进行联通，打通"最后一公里"的配送服务，不断催生冷链物流等细分物流领域，实现无人仓库、无人运输等创新模式，打造一体化物流智慧园区。

纵观技术行业发展的历史，可以发现，往往是底层基础技术的突破带动着整个技术行业的变革，而且，技术行业的变革通常是不可逆的。技术变革能推动产业变革，随着新技术的不断产生，社会也会越来越进步。5G作为一项重要的突破性技术，可以改变产业格局，同时也能推动物流产业的进一步发展。

5G在智慧物流中的应用优势

5G网络之所以备受推崇，主要原因就在于融合了很多关键技术。在这些技术的支持下，5G网络拥有了很多优势，例如数据传输速度快、泛在连接能力强、时延低等。随着5G网络逐渐实现商用，其将在新一代智慧物流行业实现广泛应用。

◆ **高速度数据传输**

VR等视觉模拟是5G的应用场景之一，想要让用户享受到更优质的观看体验，必须提升网络带宽。目前，关于5G网络的速度极限还没有明确的数据。而且随着通信技术不断发展，5G网络的峰值速度与实际速度并不一定匹配。但从目前的标准来看，5G基站检测的网络速度不能低于20Gb/s，让每个处在5G网络环境下的用户都可以享受到极快的数据传输速度。随着新技术不断融入，5G网络的传输速度仍将持续提升。

在物流通信中，高速度的数据传输可以带来很多好处。在5G网络环境中，物流节点之间、底层硬件设备之间可以进行高速度的数据传输，让物流信息可以快速扩散到其他物流节点，让整个物流体系共享数据。

◆ **网络泛在能力高**

5G网络强大的泛在连接能力可以为更多业务提供服务，适应更复杂的应用场景。网络泛在连接可以分为横向与纵向两种类型，横向连接指的是5G网络可以覆盖生活的各个角落，甚至可以覆盖人烟稀少的高山峡谷；纵向连接指的是5G网络可以消除网络死角，实现更高品质的深度覆盖。

另外，5G的泛在连接能力在一些特殊场景也非常重要，物流运输就是其中的典型代表。在覆盖面广、泛在能力强的5G网络的支持下，物流节点信息可以全面打通，为物流节点信息缺失、物流运输安全无法保障等问题提供有效的解决方案。

◆ 功耗较低

5G低功耗特性为物联网的大规模应用提供了重要条件。物联网设备在通信过程中一旦遇到特殊环境就会消耗大量能量，在这种情况下，物联网终端设备很难在实际场景中实现大规模应用。如果物联网产品的通信能耗可以控制在较低的水平，用户的使用质量就能大幅提升，物联网产品也更容易实现推广应用。

5G的eMTC降低了物与物之间的通信能耗，缩减了4G的LTE协议。另外，在NB-IoT（Narrow Band Internet of Things，窄带物联网）技术的支持下，5G可以以现有的网络架构为依托进行部署，这些架构包括GSM（Global System for Mobile Communications，全球移动通讯系统）和UMTS（Universal Mobile Telecommunications System，通用移动通信系统），全都可以降低5G通信的功耗。

在低功耗的5G网络的支持下，物联网、传感网以及射频通信等技术可以在物流行业实现广泛应用。如果5G可以在新一代物流体系中广泛应用，就意味着无线传感器网络可以在新一代物流体系中广泛应用。

◆ 传输低时延

数据传输时延低是5G网络的另一重要特性，可以满足无人驾驶、工业自动化等场景对数据传输时延的要求。据预测，在5G网络环境中，数据传输的最低时延可以达到1ms，甚至可能更低。近年来，物流企业一直在想方设法实现无人驾驶、无人配送，但因为4G网络的数据传输时延较低，导致无人驾驶、无人配送迟迟无法实现。随着5G网络逐渐实现商用，物流行业的很多智能项目都有了落地的可能,尤其是无人驾驶、无人配送。

◆ **海量接入特性**

进入5G时代之后,智能终端设备的数量将大幅增长,每个人或者家庭都会有大量设备接入5G网络,不仅包括门窗、门锁、家电等智能设备,还包括眼镜、腰带、鞋子、衣服等智能产品。5G不仅让家庭生活变得更加智能,而且也使汽车等公共设施实现了智能化升级。

对于新一代物流行业来说,5G与物联网的完美融合可以促使其蓬勃发展,海量设备接入让每一个物流节点都可以被监控跟踪,让每一个应用网络体系都可以按需接入物流体系,使物流服务质量得以切实提升。

◆ **网络切片化服务**

目前,物流应用场景比较复杂,使用的终端设备类型多样,对网络通信技术提出了不同的要求。因为5G技术具有网络切片化功能,面对不同终端设备提出了不同要求,只需要用业务切片的方式对其属性进行调整,就能使各模块的业务功能落地实现。因此,借助网络切片化服务,5G网络可以满足物流行业不同业务提出的不同要求。

◆ **移动边缘计算**

5G网络之所以能够在新一代物流行业实现广泛应用,移动边缘计算功不可没。因为在新一代物流行业中,移动边缘计算的应用场景非常广。5G在组网设计的过程中为移动边缘计算的性能问题提供了有效的解决方案,使得边缘计算的效率与精准度更高,资源分配更加合理,网络资源配置更加均衡。因此,在5G网络的支持下,边缘计算将在新一代物流行业实现更广泛的应用。

◆ **传输安全性高**

以5G网络为基础建立起来的互联网称为智能互联网，该网络具有安全、高效、方便、快捷等特性。在5G智能网络中，安全被放在了第一位。5G网络在建设之初就考虑到了安全问题，信息传输有更严格的加密机制，网络通信对外开放程度不高，而且为特殊的客户需求设置了专门的安全通道。新一代物流行业的数据传输规模非常庞大，5G的安全特性可以满足数据传输对安全的要求。

基于5G的全自动化物流运输

5G在车联网与自动驾驶领域也有良好的应用。在5G技术的支撑下，传统的交通系统将转变成拥有更高运行速率、更低能量损耗、更安全与更便捷运输过程的智能交通系统。5G网络凭借低时延、高速率等特性可以助力实现远程驾驶。例如，中国移动曾多次对外展示5G远程驾驶研究成果，研究者可在几千里之外利用5G网络实时获取智能汽车的驾驶信息，控制汽车完成启动、加减速、转向等多种动作。

以自动驾驶技术为依托，物流运输可以实现全自动化。在全自动化物流运输环境下，车辆内置中央处理器，可以脱离人类驾驶员自动执行加减速、转弯、临时制动等操作，通过数据计算借助网络对物流车辆进行远程操控驾驶行为。

物流运输实现全自动化控制的主要目的在于解放驾驶员、快递派送员以及外卖派送员的双手，利用计算机对运输路径进行规划，通过智能计算对周边的环境进行分析，切实提升整个物流过程的效率与安全性。相较于传统的物流运输方式来说，全自动化控制下的物流运输更加智能，运输效率也更高。

2019年5月，我国第一个城市级5G智能物流场景化应用诞生，这是由京东物流、厦门公交集团、中国信科集团联合打造的一款数字化应用。京东物流在厦门公交枢纽站附近建立了智能配送站，包括一些Mini配送站等。每个配送站点都配备了京东物流X事业部研发的配送机器人。

在5G网络支持下，厦门公交BRT（快速公交）车辆会在载客的同时将货物运送至京东物流智能配送站，然后再由站内智能配送机器人取出并自动送至目的地。在这一物流配送场景测试中，公交车和京东智能机器人配送货物的过程都可由高清视频设备进行监控，其中智能机器人的配送是基于5G网络下的高精度地图导航。交通枢纽中的高清视频设备能将采集到的视频数据通过5G高速网络实时回传到后台系统，然后再利用人工智能对视频数据进行分析，从而实现对车辆的实时调动。

未来，京东物流还会与两家合作伙伴继续发挥各自优势，将公交场站、BRT道路、5G网络等资源充分利用起来，打造新型智能化物流系统，实现客货融合、站城一体、三网合一（客运网、货运网、信息网）的新格局。

自动驾驶卡车是物流行业的刚需，将自动驾驶技术应用于物流运输具有以下好处：一是能提升行车安全性；二是能提升物流运输效率；三是能减少驾驶员与车辆的交互频次；四是能提升驾驶舒适度。目前，已有部分汽车厂商研发出可实现障碍物自动避让、自动刹车等功能的单车智能版自动驾驶卡车。

不过，这种自动驾驶汽车在4G网络环境下容易受到感知距离、决策时间等因素的影响，因此，其行驶速度普遍较低，而5G网络的应用将能大大促进其速度提升。利用5G技术，相关技术研发人员可以实时采集车辆信息、交通控制信息、车载感知设备信息、路侧感知设备信息等各种行驶信息，并对这些信息进行深度融合分析，构建出自动驾驶决策模型。

自动驾驶决策模型可以让汽车基于对安全行驶区域信息、周围障碍物信息、道路行驶条件等信息的感知和分析，构建出强大的行车地图自主演化系统。此外，还要构建5G车路协同系统，以促进自动驾驶的落地。

在5G环境下，物流运输车辆可以突破非视距感知、数据信息即时共享等技术的瓶颈，推动物流运输过程实现全自动化。

对于全自动化物流运输来说，基于V2X（Vehicle to X，车用无线通信技术）构建的自动驾驶体系是最佳选择。起初，V2X是在4G网络环境下开发的，即LTE-V2X。进入5G网络时代之后，V2X将在LTE技术的基础上持续优化。

因此，在5G网络环境下，自动驾驶、车联网将在新一代物流行业实现广泛应用，用来解决物流运输过程中车辆之间的共享传感问题，可以将自动驾驶车辆上的雷达等设备的探测距离从几十米扩展到上百米。同时，在5G网络环境下，物流车辆载入AI系统的效能可以大幅提升，可以更灵活地应对复杂的运输环境，让物流运输环节实现自动化、智能化升级。

5G网络主要在物流运输的终端通信环节使用，帮助运输车辆与远程云控制中心以及物流应用服务中心进行数据交换，各终端负责对数据进行采集，接受指令并发送信息。应用服务与云控制中心可以使用有线以太网进行通信。之所以采用5G通信网络，主要是因为在5G网络环境下可以实现网络自组织与构建，对数据进行实时共享、海量传输等，满足车联网对网络的各种性能要求。

05 体系重构：5G智慧物流解决方案

可视化智慧物流管理体系

5G在物流行业的应用离不开物流与物联网的紧密连接，因为5G支持海量设备联网，凭借这一特性，物联网可以在物流行业实现广泛应用，打造一个智慧化的物流体系。新一代物流的体系架构非常复杂，追求智慧化升级与发展，具有短链与共生的特性，灵活性比较强，而且可以实现兼容。在5G网络的支持下，新一代物流体系更加智慧，接入性也更好。

在新一代物流行业中，智慧化海量接入的物流体系可以分为三种类型，分别是可视化智慧物流管理体系、智慧化供应链体系和智慧化物流追溯体系。

可视化智慧物流管理体系是对照物联网基本架构设计而成，其目的在于建设一套可以全面感知、全局覆盖、全程控制的智能可视化上层应用。作为新一代通信技术，5G有很多优良特性，包括可以按需组网、控制转发分离、网络异构灵活等，可以在智慧物流管理体系中充当传输层，对底层传感器以及数据收集智能硬件的数据进行传输。

可视化智慧物流管理体系的架构涵盖了四个层面，分别是感知层、传输层、应用层以及可视化展现层，每层都有特定的安全体系与标准规范。

- **感知层**：主要部署底层数据采集设备，负责收集数据，对数据进行整合。
- **传输层**：主要由两部分构成，一是协同组网，二是通信模块。协同组网就是使用5G和其他通信网络技术进行自组织组网；通信模块主要负责对数据进行传输，做好信息管理与异构网络整合。
- **感知层**：数据通过传输层传输到平台和应用中去，对各类数据进行整合。
- **可视化展现层**：主要负责利用数据接口与可视化技术展示数据。可视化智慧物流管理体系利用5G技术对物流数据进行精准展示，为决策者决策提供参考，为管理者提供实时界面，是新一代物流行业最重要的管理体系。

5G智慧供应链体系

智慧化的供应链体系是物流行业智慧化升级的一项重要成果，该体系使物联网技术与供应链管理技术相互融合，在物流企业内部和物流企业之间进行建设，对供应链的自动化运转与智能化决策产生了积极的推动作用。

相较于传统的供应链模式来说，智慧供应链技术的渗透性更强，管理层和运营层会主动吸纳物联网、互联网、人工智能、大数据、云计算以及区块链等关键技术，推动供应链管理模式不断升级，为这些技术的参与提供更好的条件。

智慧供应链的可视性与移动性都比较好，可以利用可视化的信息技术对物流数据的发展趋势进行描述，利用移动设备对物流数据进行查询。为了提高智慧供应链的人性化水平，无论软件界面还是平台接口都要做好人机协调。

目前，物流行业的智慧供应链体系有三大模块，分别是数字经济、共享经济和电子商务，形成了一些基础设施，包括物联网、人工智能等，融入了一些先进的计算机技术，包括云计算、大数据、区块链等。作为智慧供应链传输层面的通信技术以及基础组成模块的数据传输保障，5G凭借高速率、数据传输稳定等特性可以让计算机技术在智慧供应链领域得到更好的应用。

从技术层面来看，智慧供应链主要涵盖了大数据、区块链、人工智能、物联网、云计算等技术，首先利用大数据、云计算等技术存储物流数据，对数据进行优化，然后通过区块链、人工智能、物联网等技术对智慧供应链进行完善，最终实现三个目标，即供应链信用、供应链合理决策以及供应链节点协同。

- 区块链技术可以解决智慧供应链的信用难题，构建智慧供应链信息共享的生态圈。

- 人工智能技术可以辅助智能决策，让智慧供应链的各个环节变得动态可控。
- 物联网技术可以增强智慧供应链各个组件之间的协同性，构建智慧物流。

区块链、物联网、人工智能等都需要大量的边缘计算节点，凭借支持海量连接、按需组网等特性，5G可以为数据交互提供一个稳定的平台，并切实提高计算效率。因此，对于智慧化的供应链体系来说，5G是一个非常重要的模块。

5G智慧物流追溯体系

智慧化物流追溯体系主要利用物联网与互联网技术对产品进行追溯。一方面，商家可以对物品的物流信息进行可控查询与报表分析；另一方面，用户收到物品后可以通过平台或软件对物品的物流信息进行反向追溯。目前，商品物流信息追溯这一功能多用于农副产品和冷链物流体系。

从本质上来讲，智慧化物流追溯体系就是利用物联网技术创建一个分布式的多节点的信息共享链，在这个信息共享链中，5G承担着数据流通的重要功能。从体系架构来看，智慧化物流追溯体系一共有5层，每一层都有相关协议保证数据传输安全，如表5-1所示。

表5-1 智慧化物流追溯体系架构

体系架构	具体内容
数据采集层	位于最底层，分布着一些数据采集设备
中间件层	位于倒数第二层，分布着一些采集设备通信中间件
网络传输层	主要使用以无线Wi-Fi和无线移动通信技术为代表的无线通信技术，5G高效接入方案使得其更适用于嵌入式的终端器件，例如读写器、传感器等
数据层	主要用来对物流数据进行存储与处理
应用层	对数据进行统计分析，让管理者、消费者、物流工作人员对物流数据进行全方位监控，对物流信息进行追溯

凭借5G可以实现海量连接的特性，智慧化物流追溯体系可以使用大量智能终端设备对物流数据进行读取、记录，利用边缘服务器对终端设备数据进行收集，通过数据中心对这些数据信息进行汇总，让上层应用根据这些信息绘制出可视化的场景，帮助管理层与用户做出科学决策。

5G驱动的智慧物流变革

在新一代物流体系中，高速率、低时延、支持海量连接的5G可以在很多场景中承担数据传输任务。新一代物流将立足于智慧特性，建设一个可以共享的、运转效率较高的物流体系，对物联网、人工智能、云计算、大数据、区块链等技术进行整合，以高质量的5G通信为载体，切实满足新零售对物流的需求。

对传统物流向新一代物流跃迁的过程进行深入分析可以发现，每一次行业变革都是消费与产业升级以及技术突破的结果。起初，随着工业革命不断发展，规模化生产的出现，在整个物流系统中，制造业占据着核心地位。后来，随着权力中心发生转移，商贸企业逐渐取代制造业在整个物流系统中占据主导地位。进入信息时代之后，消费者在整个物流系统中掌握主导权。随着物流的中间环节不断削减，物流行业涉及的业务广度开始持续拓展。在这个阶段，用户逐渐成为整个物流行业的核心。

5G在物流行业的应用将掀起一场巨大的革命，不仅能够带动整个物流行业实现转型发展，而且可以助推新工业迅猛发展。随着技术发展与产业升级，在5G网络基础上建立起来的新一代物流体系将取得重大突破。在此环境下，消费产业将涌现一种小批量定制化生产模式，可以满足消费者个性化、多元化的消费需求。

作为新一代移动通信技术，凭借高速率、低时延、支持海量接入以及其他优势，5G为人工智能、大数据、云计算等技术融入物流行业提供了极大的方便，同时也让商家、消费者与供应商的沟通方式变得更加多元，使沟通效率大幅提升。

从技术层面来看，随着人工智能、大数据、云计算、物联网以及区块链等技术在物流行业推广应用，新一代物流体系取得了重大突破，具体表现在以下几个方面。

- 在区块链技术的支持下，供应链的所有环节都可以做到可追溯、可识别。
- 在云计算、大数据等技术的支持下，信息交流障碍被打破，数据可以最大限度地实现共享，为新物种、新价值、新要素的创造提供了极大的便利。
- 借助数据挖掘与算法优化等技术，销售预测、网络布局、库存管理、配送路线规划等将变得更精准。

- 借助人工智能技术，物流行业可以实现自动化、智慧化升级，最终使物流决策实现跨越式发展。

总而言之，新一代物流行业的最终目的就是构建一个庞大的共生体系，将物流行业与商家、行业、社会绑定在一起，实现共生发展。作为服务业的一级阶梯，物流行业将作为先行者让5G实现推广应用。现阶段，零售企业、物流企业为5G的到来做好了准备。在5G基础上发展起来的新一代物流行业也将以全新的面貌为企业、用户提供更优质、更智慧和更先进的物流服务。

06　应用场景：新一代智慧物流模式

AR智慧物流系统

近年来，AR应用在物流行业全面推广，不仅可以降低员工培训成本，而且可以在全自动化环境中支持机器人承担视觉类工作，减轻工作人员的工作负担。但是因为现有的通信技术带宽比较小，数据传输速度比较慢，无法支持AR应用实现规模化商用，所以AR技术还没有大量地在企业推广应用。

5G网络的带宽非常大，而且利用MIMO（Multiple-Input Multiple-Output，多输入多输出）技术使得通信非常稳定，为AR在物流行业的应用提供了强有力的支持。未来，AR技术将以5G为支撑，在下一代物流行业实现广泛应用。下面我们从仓储、运输、配送三个环节入手，介绍AR在物流行业的应用。

◆ 仓储环节

仓储环节的工作难点在于商品分拣与复核。为了保证商品能够保质保量地交付到消费者手中，物流公司要对每个订单进行选拣和复核。在这个过程中，快递分拣员需要逐一扫描商品的条形码，对物品进行识别、查找，并履行订单。据统计，快递分拣员每天平均弯腰超过3000次，要识别5000多个条码。

引入AR技术与设备之后，这个过程就变得非常简单。例如，快递分拣员可以佩戴AR眼镜对整个货架进行扫描，如果要查找、跟踪商品信息，只需轻按眼镜腿两侧的按键即可。此外，AR显示屏还能显示商品的具体位置，帮助仓储管理人员迅速找到商品并完成分拣。与此同时，物流系统会自动对相关信息进行更新。

◆ 运输环节

"最后一公里"问题困扰物流行业已久，这个问题主要表现为物流效率低，货物交付不及时，如果继续追溯，导致这个问题出现的原因主要在配送中心装载货物方面，具体表现为货物重量估算不准确，装配方式不正确，货物放置信息没有记录，这一个个小问题最终影响了物流配送效率。而借助AR技术与后台运算，运输人员就可以对物品的装载顺序进行优化，提高装载调货的效率，减少出错率。例如货物装卸工佩戴AR智能眼镜之后，可以直接"看到"待装载区内的货物信息，包括货物重量、尺寸、放置位置等信息，可以极大地提高货物的装卸速度与效率。

相较于货物装卸环节来说，影响货物运输效率的因素更多，例如交通拥堵、交通事故、货物存放环境等。一旦货物在运输途中发生意外，例如起火，可能导致整车货物被毁，给企业带来巨大的经济损失。AR技术是否可以提高货物运输效率，保证货物运输安全呢？

答案是肯定的。货车司机配备AR智能眼镜之后会自动启动导航定位系统，实时看到交通拥堵情况，获得不断更新的行驶路线，准确地避开限行、限高路段，节省运输时间，提高运输效率。除此之外，货车司机还能通过AR智能眼镜"看到"货物的属性参数和存放环境标准。当货物低于存放标准时，货车司机就能收到提醒，及时采取解决方案，尽量减少损失。

总而言之，AR技术在智能物流行业还有很多应用，带给物流行业更多新的发展空间，为物流公司开展精细化运营，降低运营成本，提高运营效率提供了强有力的支持。

◆ 配送环节

在配送环节，AR技术可以对物品的配送路线进行优化，将配送线路上的路况信息及时、准确地反映出来。快递员在派送包裹时可以利用AR眼镜识别快递编号与门牌号，提高快递配送效率，优化"最后一公里"的快递配送体验。在5G技术的支持下，工作人员可以使用AR眼镜高效地完成工作，让物流从仓储到运输再到配送实现一体化。

5G物流与数据智能

在5G的支持下，以大数据和云计算为基础形成的"云物流"将变得更加实用。在新一代物流体系中，物流节点的数据计算可以分为两种类型，一种是集中式计算，一种是移动边缘计算。在这两种计算方案的共同作用下，物流数据的准确计算将变得简单易行。这两种数据计算方案对应着两种数据存储方案，一种是集中式存储，一种是分布式存储，它们相辅相成，共同进步。

◆5G+MEC：物流云数据计算平台

在移动边缘计算中，5G可以为其提供高速通信，并凭借海量接入特性让边缘计算与集中式计算实现紧密融合。在物流应用场景中，很多节点都是边缘通信节点。在新一代物流体系中，在5G的作用下，移动节点将数据计算、存储、缓存等功能迁移到网络边缘侧，再由边缘侧的服务器负责和远端的数据云计算通信实现数据同步。凭借分布式的移动云边缘计算方案，物流数据计算平台不再对数据进行集中管理，而是由边缘服务器对附近节点的数据进行存储、处理，使得数据计算效率得以大幅提升。

在大数据时代，数据成为企业非常重要的资产，数据规模大幅增长，处理难度越来越大。随着拥有较大带宽的5G网络实现规模化商用，物流大数据处理的速度与效率将越来越快。目前，在物流行业，大部分数据都来源于上层应用。在5G网络环境下，随着物流大数据与云计算平台不断发展，数据来源将变得日益丰富，不仅是上层应用，任何一个物流节点都有可能将产生的数据上传到云端数据库，并对数据进行实时更新。

因此，在5G网络环境下，无论物流企业、电商还是消费者，都将兼具多重身份，包括数据的生产者、搬运者、得益者。从这方面来看，在提升新一代物流行业服务质量方面，5G将发挥极其重要的推动作用。

◆5G+区块链：保护物流数据安全

近几年，我国物流行业飞速发展，虽然取得了一些显著成绩，但仍然存在一些问题没有解决。通过深入研究发现，传统物流体系建立在大规模、可扩展的海量数据存储技术的基础上，需要对用户、物流、驿站等大数据进行分析，对数据安全存储技术进行研究。在这个过程中，需要利用区块链技术维护数据安全。而区块链技术支持下的物流信息交换需要高效的通信技术提供支持，5G无疑是最好的选择。

区块链技术可以将物流过程中产生的资金信息、产品信息以及物流位置信息记录下来，在5G网络环境下，这些信息可以高效流通，使行业整体效率得以大幅提升。在5G网络环境下架设的区块链技术物流安全体系用智能合约代替传统的服务器程序，可以直接在区块链上运行特定的合约程序。

在智能合约的作用下，物流安全体系的自动化、智能化水平得以大幅提升，整个物流过程变得更加透明，整个物流供应链的数据变得更加真实、可信。同时，随着5G通信技术深入应用，分布式模块之间的通信速度大幅提升，切实迎合了新一代物流行业的发展要求。

凭借5G高带宽的特性，区块链秘钥计算与数据处理的速度与效率可以大幅提升，可以和电商平台的安全方案相互协作，共同维护物流体系的安全，为物流企业、电商企业和消费用户的正常运转保驾护航。

物流智慧能源供给

智能能源又叫作智慧能源，是一种新型的能源系统。在智慧地球项目推进的过程中，智慧能源与智慧城市、智慧交通一起扮演着非常重要的角色。从供给方式方面来看，智慧能源与传统能源存在显著区别，智慧能源将能源与智能技术结合在一起，智能技术在其中发挥着关键作用。对于新一代物流来说，智慧是一个非常显著的特性，因此在新一代物流架构中，智能能源将成为一种非常重要的能源供给方式。

在目前的物流系统中，能源供给的关键在于仓储环节，电网模块是主要的能源使用方式。因此，在新一代物流体系中，想要提升能源供给效率必须打造智能电网，建设一个能源与网络相融合，可以使用智能技术分配能源方案的电网系统，以切实提高仓储能源的供给效率。

在新一代物流体系中，电能供给要使用智能电网技术，其中发电技术主要包括可再生能源研究、分布式储电方案等。企业级的用电再分配技术与能源数据控制技术则更加智能。

凭借高带宽、支持海量接入的特性，5G网络可以切实满足智能电网的数据通信要求。在新一代物流体系的能源供给模式中，超大带宽、超低时延的5G网络可以充分满足传输层的要求。同时，凭借5G网络切片安全、隔离等特性，企业可以自建组网框架，创建独立的电网系统。当然，智能电网在物流行业的应用需要国家与企业共同努力，使5G的应用场景无限拓展。

在5G网络环境下，物流系统的电能负荷可以严格控制，通过高效率的数据通信，各用电终端的负荷可以自由调整。通过5G高速率的数据上传，用电终端的信息可以实时采集，并与远程计电终端的数据保持同步，提高能源计算效率。除此之外，5G对异构能源网络的接入也为新能源的分布式接入提供了方便。

智能电网是5G在物流能源供给领域的一个重要应用。除此之外，物流能源供给的方式还有很多。作为传输层的一项通信技术，5G可以支持物流企业对能源进行有效把控，使能源利用效率得以大幅提升。

以智能电网技术为依托，新一代物流行业中的各个企业都可以节约资源成本，在优化物流服务方面投入更多资金，推动零售业不断进步，进而带动整个物流产业链不断发展。但在我国，电网直属国家管控，想要实现智能化升级，在新一代物流企业中广泛应用，需要国家电网牵头，在各地市将5G网络控制器部署到相应的单位和企业。

工业级物流监控

凭借较高的带宽，5G可以实现稳定通信，因此，在工业级的智能监控中，5G可以实时感知运输、仓储等环节出现的问题，并以视频或图像的方式将这些问题及时向数据中心反馈。因此，相较于传统的通信技术来说，在5G的支持下，物流监控环节的效率以及智能化程度可以大幅提升。

信息采集终端主要由硬件设备组成，核心任务是采集产品基本环境信息。在整个过程中，5G主要负责在终端与监控中心之间传输信息，通信网关在监控中心的指挥下对物流终端进行控制，并对运输路径进行规划等。

应用端与监控中心之间的信息传输可以不通过5G网络，但如果应用端是远程移动终端，依然需要5G作为数据传输技术。因此，凭借在数据下载与传输方面的高带宽特性，5G可以在监控领域实现广泛应用。

其实，工业级监控的主要目的在于对物流信息进行整合，实现共享，因此工业级监控主要由终端数据采集、数据库存储管理、GIS共享信息平台、监控分析查询上层应用等模块组成。物流企业不仅可以查询到物品的物流路径，而且可以对物品状况进行监控，做好统计分析等工作。

通过共享信息平台，包括运输人员在内的各物流节点上的工作人员可以实时掌握物品运输状况，接收远程指令。因此，在5G网络环境下，从生产到运输、仓储等环节都可以得到全面、实时的监控。

工业级监控与一般监控存在显著差异，一般来说，一般监控使用的都是单一终端，终端之间相互独立，采集到数据之后将数据传输到监控中心即可；而工业级监控的终端数量比较多，类型丰富，接入扩展比较容易，要求通信平台支持海量接入。5G网络可以很好地满足这一要求，支持大量硬件终端无缝接入，形成一体化的监控体系。

目前，从技术层面来看，5G完全可以满足工业级监控的条件。但想要让工业级监控在物流行业真正落地应用，还需要企业和国家投入大量资源对物流企业进行扶持。

工业级视觉系统

物流行业的智慧化升级离不开计算机视觉技术的推动，尤其是深度学习技术的推广应用使计算机视觉技术与物流行业深度融合，使图像识别、人脸识别、目标检测、目标追踪等变得更加智能、高效。

计算机视觉系统具有高效、准确、成本低等特点，在物流行业应用被称为工业视觉系统。在新一代物流行业，很多环节、场景无法由人工完成，或者人眼无法捕捉到更多有效信息，就需要利用工业视觉代替人类视觉，让物流行业的自动化程度得以大幅提升。

凭借5G高速率、低时延的特性，工业视觉系统在新一代物流行业得到了广泛应用，物流监控和视觉采集系统可以用来采集数据，视觉分析技术可以对数据进行高层语义分析。在5G的支持下，这些环节的操作效率都可以大幅提升。

作为工业化视觉系统最主要的一种通信方式，5G使得视觉分析的准确率与实时性得到了大幅提升。5G工业化视觉系统在物流领域的应用主要体现在以下几个方面,如表6-1所示。

表6-1　5G工业化视觉系统的应用

物流环节	技术应用
物流分拣环节	物流行业的工业视觉系统可以利用图像识别技术对物流信息进行准确定位,对物品进行智能分拣
物流监控环节	工业视觉系统可以利用人脸识别技术对工作人员的身份进行识别认证
生产作业环节	工业视觉系统可以利用目标检测技术对物品进行分拣,并标注好相关信息
运输配送环节	在图像识别技术的辅助下,员工可以对表单信息进行识别,将相关信息录入电子系统,同时可以利用视频分析技术提高快递动作的合理性等

工业化视觉系统的时延非常低,可以准确识别外界环境,识别过程不能出现较大误差。因此在整个物流过程中,视觉系统是非常重要的一个环节,一旦出现问题就会导致整个产业链的工作效率下降,甚至有可能诱发事故。

从技术层面来看,目前5G还无法满足工业化视觉系统的要求。但随着5G技术的性能不断优化,工业级视觉系统超低时延的要求就能得到更好地满足,系统也可以对外界突然发生的变化做出积极响应。总而言之,在工业化视觉系统的支持下,新一代物流行业的各个环节将实现自动化升级,工作效率将大幅提升。

智慧物流园区建设

物流园区指的是物流企业、物流设施集中布局的区域,在这个区域中，不同的运输方式可以相互衔接，区域规模较大，功能也比较丰富。总体来看，我国物流园区的形态多种多样，其中以综合型物流园区为主，这类园区具备转运、储存、加工、配送等功能，具有进行智慧化建设的基础与可能。

目前，我国物流园区的运营和管理面临着各种各样的痛点，简单概括而言，即"难""差""低"，如表6-2所示。

表6-2 物流园区的运营痛点

运营痛点	具体体现
"难"	是指对车辆、人员、物品的管理难：车辆管理难主要是难以解决园内车辆无引导和乱停放问题；人员管理难主要是难以解决人员进出无序等问题；物品管理难主要是难以解决贵重物品和包裹存在丢失风险、丢失后不易追查等问题
"差"	是指安防效果差：一是需要人工看守视频监控；二是逃生通道常被非法占用；三是无法主动识别园区非法闯入、偷盗、火灾等情况
"低"	是指生产数字化程度低，物流园区内仍坚持劳动密集型生产方式，工作核心流程仍需要人工进行判断，自动化设备普及程度和数字化决策程度都比较低

这些问题的解决需要借助各种先进技术。5G通信技术的显著特性就是高速率、大连接、低延时，每一种特性都有可能推动人工智能、物联网、自动驾驶等技术实现跨越式发展，进而推动物流园区完成智慧化建设。在5G环境下，由于5G网络传输时延极低，物流园区中的各类传感器可以实时获取数据，并在极短的时间内将数据传输至设备端、作业端、管理端，真正实现"端到端无缝连接"。

例如，在物流园区内，无人搬运车一般会以每小时5公里的速度行驶，每秒平均移动1.3米。如果以秒为单位对车辆进行控制，不仅无法对车辆进行精准定位，还有可能发生事故。在5G网络环境下，数据传输时延少于1毫秒,也就是说,物流园区可以以毫秒为单位控制无人搬运车,满足无人搬运车在物流园区内的实用化需求。

因此,5G技术与物流园区在运营管理和作业等层面都具有丰富的结合点。那么,在5G网络环境下,物流园区的上述问题都将得到有效地解决,具体如表6-3所示。

表6-3　5G智慧物流园区建设

技术应用	具体内容
人员管理	包括人脸识别、人员定位管理、多级权限控制等
园内车辆管理	包括自动识别车辆签到记录、月台停靠识别、园区内车辆导引、园区停车位管理等
数字化生产	包括生产感知调度、拣货地图导航、AR作业等。园区内通过5G网络能实现可视化协同,包括全程视频跟踪、远程视频运维、AR作业、VR模拟培训之间的协同。5G技术能帮助园区规划作业路径,实现生产感知调度,如导航躲避拥堵巷道等;同时能实现动态任务调度,如优先分配复杂且紧急的包装、拣货任务等;还能实现园区生产联动和数字化、智能化生产,如资源预留、收货提醒、货载匹配、商品布局等
包裹异常追踪管理	将追踪器安装在包裹内,然后利用园区基站实时获取包裹定位,同时包裹也可以向工作人员进行履约超时报警,减少在单点停留的时间,防止物流超时情况的发生。利用追踪器系统一方面有利于包裹的追踪和管理,另一方面也有利于包裹的循环使用,从而打造绿色园区
全域监控	包括车辆监控、人员监控、园区异常情况监控、能源数据监控等
智能安防	包括无人机巡防、无人车巡防、道路清障识别、异常行为抓拍识别等

近年来,京东物流致力于利用5G、人工智能、物联网等新一代信息技术和智能物流产品研发成果,重点规划建设一个数字化、智能化的物流示范园区,该园区主要具备高智能、自决策、一体化等特点,能够大大提高京东物流的整体水平。目前,京东5G智能物流园区已经部分完成建设任务,部分功能已经投入运营。

第三部分
AIoT物流篇

07 AIoT物流：引领企业数字化转型

物流可视化、互动化与智能化

人工智能技术的快速发展以及人工智能产品的广泛应用将推动人们的生产生活发生翻天覆地的改变，一些简单的、重复性的劳动将被人工智能产品取代。在这种趋势下，很多行业都将发生巨大变革，物流行业就是其中之一。随着电子商务快速发展，物流行业已经成为一种新兴服务业。随着物流设备逐渐实现智能化、无人化，物流行业的运作效率将不断提升，物流成本将不断下降。

AI的应用价值能够体现在现代物流运作的多个环节中。具体包括自动运输设备、人工智能机器人、人机会话交互界面、计算机可视系统等先进工具的应用。无疑，人工智能的应用能够带动整个行业的发展。

在物流行业中，所有的快递运营商都要对流通中的包裹实施分拣操作。中外运—敦豪国际航空快件有限公司（DHL）基于图像识别技术研发的"小型高效自动分拣装置"不仅能够完成快件的分拣操作，还能在运作过程中进行高效的数据统计，并将其发布到公司的资源系统中，目前该产品已经通过了专利认证。

在技术水平有限的情况下，物流企业在货品分拣环节只能使用人工处理设备、传送设备及扫描仪器对快件进行处理，当技术发展到一定程度，则能够实现人机协作机器人的应用。企业利用人工智能引擎配备的传感设备与摄像工具，能够快速进行数据获取，在此基础上凭借物品的标签、立体形态等信息完成识别工作，在分拣环节实现人与自动化设备的协作，加速完成对可回收物品的处理。

基于人工智能的可视化监测技术也能够在物流运作过程中发挥重要价值。货物在运输途中出现磨损问题是比较常见的。针对这种情况，国际商业机器公司（IBM）的Watson部门运用追踪拍摄技术来记录货运列车行进过程中的图像信息，在准确识别货物磨损情况的基础上，进行针对性的修复操作。

在具体应用过程中，技术人员会在货车轨道上安装专用图像摄取工具，用于拍摄货运列车的图片，再将这些图片信息发布到Watson的图像数据库中，利用人工智能技术对收集到的信息进行高效处理，找出存在问题的货车组件。

在新一代物流行业的体系架构中，物联网、大数据、人工智能等技术属于底盘技术。其中，物联网、大数据是人工智能技术实现的重要基础。只有在人工智能技术的支持下，物流行业才能实现自动化、智慧化升级，物流作业流程才能实现可视化、互动化和智能化。

数据底盘技术和智慧作业共同构成了新一代物流的基础，可以让物流服务商、商家和消费者实现无缝对接，改变物流行业的运作方式、决策方式，推动它们向着智能化的方向发展，打造更加敏捷、高效的物流方式，切实提高物流行业的运转速度与效率，带给用户更极致的物流体验。

智慧供应链预测与优化

在行业运作方面，传统模式下，物流企业在环境变化发生之后才会采取行动，人工智能技术的应用，则能够帮助企业提前预测市场环境的变化趋势，更加积极主动地制定应对方案。

在物流管理过程中应用人工智能技术，能够从整体上加快物流业务的运转。以物流行业中的空运业务为例，这类物流服务对时间的要求很高。尽管空运的货物体量在整体运输中所占的比重只达到1%，但空运业务的贸易价值占到总体的35%。

通过利用机器学习算法，DHL能够提前对空运的时间延误问题进行科学分析，据此制定相应的缓解方案。这种机器学习工具能够对空运系统相关的58项数据实施检测，提前7天提供飞机所在航线的日均通行时间。不仅如此，运用这项技术，DHL还能找到造成空运延误的原因，具体如航空公司方面的问题，或者是出发时间选择方面的问题。在拥有足够参考信息的基础上，空运代理商能够预先进行计划制定，减少主观因素的干扰。

运用DHL全球贸易晴雨表，企业能够全面了解世界贸易的发展现状，并通过对海量运营物流数据的分析，结合人工智能的应用与先进模型算法，提前预测未来一个月世界经济的发展趋势。

在模型方面，DHL的数据系统收集了中国、日本、韩国、美国、英国、德国、印度的商品海运及空运信息，以这七个国家的物流运转数据为依据，对海运及空运系统中包含的2.4亿个变量进行分析，利用人工智能引擎与相关的分析算法，对当前的全球贸易情况进行分析，并预测其未来两个月的发展变化趋势，并将这种发展变化体现为明确的指数增加。分析以往的历史数据可知，利用DHL全球贸易晴雨表对全球贸易未来的变化进行预测，得出的结果与实际情况是比较吻合的，这说明这种预测方式的准确率较高。

为了保证供应链的正常运转，企业需要进行预测型风险管理。DHL的供应链风险管理平台Resilience360利用云计算技术，能够帮助物流企业提升风险应对能力。通常情况下，处于供应链上游的制造业、汽车生产企业、技术研发企业，会同时与多家供应商达成合作关系，如果供应商方面发生意外情况，导致原材料供应紧张，或者陷入法律纠纷，就会中断供应链的持续运转，若无法及时应对就会给企业造成严重的经济损失。

Resilience360平台利用人工智能技术推出Supply Watch功能，能够有效提高企业在供应环节的安全性。该功能模块依托自然语言识别及机器学习技术，能够对网络及社交媒体平台上的海量信息进行高效地识别与处理，还能对用户发表在线上平台的评论进行分析，进而实现科学的风险评估。通过这种方式，企业能够提前预知供应链运转过程中可能出现的风险，及时制定应对方案，保证运转的持续性。

当企业行政遇到AI

面对瞬息万变的市场环境，企业在经营与发展过程中需要处理的行政事也越来越复杂，增加了相关部门的工作压力。人工智能技术的应用可以加速企业的内部运转，促进企业提高生产效率，在强化成本控制的同时，减少人为因素导致的误差。

◆认知自动化技术

认知自动化技术能够发挥人工智能与RPA（Robotic Process Automation，机器人过程自动化）技术的协同作用，将两者的优势结合起来。企业可以在信息系统与商务应用中添加认知自动化技术，以智能化方式来完成文书工作。

需要明确的是，RPA技术与人工智能技术之间是存在一定区别的，其中，RPA虽然能够以自动化方式来完成某些操作，但这种技术的应用要遵循既定的规则，原有的程序设计也决定了RPA的自我学习能力有限，相比之下，人工智能则具备自我学习能力，能够实现对海量数据资源的整合利用与价值深挖。

◆财务异常情况检测

物流企业在开展业务的过程中，需要得到第三方供应商提供的运力及资源等诸多方面的支持，在这种情况下，物流企业的财务部门要对企业与第三方合作过程中产生的许多订单信息、财务数据等进行高效的处理，任务量非常大。

利用自然语言处理技术，财务部门能够迅速获取这些信息中的关键内容，包括账户信息、订单地址、时间等等。还能利用RPA进行信息分类，结合部门已经拥有的财会软件输出订单并自动完成支付操作，将反馈信息以邮件方式提供给客户，提高整个过程运转的智能化水平。

◆ 认知型海关申报

人工技术还能被应用到海关申报过程中。此前，海关申报的流程比较复杂，需要办理诸多手续，而这些工作都要依靠人工操作来完成。负责人不仅要掌握法律法规知识，还要对行业动态与客户信息进行充分的把握，在每个环节都要进行信息核准。

2018年4月，国家发布"关检合一"的通关新政策，实现了海关与检验检疫的原旅客通道的合并，颠覆了传统的海关申报流程。DHL公司的全球快递网络利用人工智能技术实现系统化的地址信息管理，不仅能够加快货物运输，还能避免货物送达地点出现失误。

另外，DHL还能利用人工智能技术对清关进度进行追踪，为客户提供清关进程查询服务，方便他们提前预估清关工作完成所需的时间，明确货物当前处于清关过程中的哪个环节。另外，企业还能利用交互可视平台将来自于不同系统的信息汇总到一起，在进行数据分析的基础上，帮助客户尽快完成清关。

基于IoT的物流智能化管理

物联网技术是以互联网为基础，在计算机技术的基础上发展起来的一项技术，是对互联网技术的延伸与拓展。物联网技术为万物互联的实现提供了强有力的支持。在物联网的支持下，物与物可以相互连接，彼此之间可以交换信息。物联网在物流行业应用，可以提高物流企业的自动化水平，通过信息交换形成完整的通信网络。同时，物联网技术还可以用来对货物进行实时监控、跟踪与定位，推动物流管理方式不断创新。

物联网技术是一种网络系统技术，实现了对关键性技术、支撑性技术与共性技术的深度融合。物联网技术的价值正是这些技术系统综合应用的结果。物联网技术不同层面在智慧物流管理领域有不同的应用，主要表现在以下几个方面，如图7-1所示。

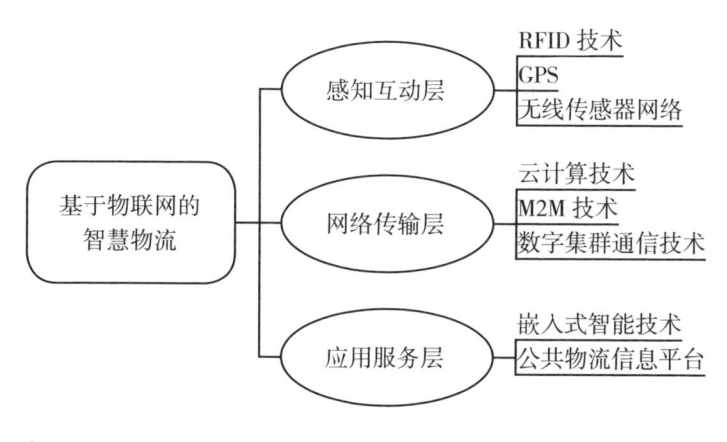

```
                          ┌─ 感知互动层 ──── RFID 技术
                          │                  GPS
                          │                  无线传感器网络
                          │
基于物联网的 ─────────────┼─ 网络传输层 ──── 云计算技术
   智慧物流                │                  M2M 技术
                          │                  数字集群通信技术
                          │
                          └─ 应用服务层 ──── 嵌入式智能技术
                                             公共物流信息平台
```

图7-1 基于物联网的智慧物流

◆ **感知互动层**

感知互动层在无线射频技术、GPS定位系统以及无线传感器网络等技术的支持下可以实现识别、定位与跟踪等功能。在智慧物流管理领域，这些技术有不同的应用。

（1）RFID技术

RFID技术利用电子标签标记货物，自动识别货物，采集货物信息，对物流车辆进行动态监控，对货物进行智能配送，而且可以对货物配送进行指挥调度，保证货物配送效率。另外，RFID技术还可以用于识别仓储产品的真伪，对整个物流过程进行可视化管理，帮助物流企业掌握更多货物运输过程中产生的信息。

（2）GPS

GPS可以用来定位物流车辆，对物流车辆进行监控，并根据电子地图上显示的信息实时掌握交通情况，对货物所在的位置以及货物运输状态进行跟踪，对货物运输路线进行优化调整，在物流车辆发生事故或者出现故障时可以迅速调配车辆进行救援，让整个物流过程更加便捷、顺畅，从而保证货物运输效率。

（3）无线传感器网络

无线传感器网络利用无线通信技术在人与人、人与物、物与物之间搭建了平台，让他们可以相互联系、共享信息，进而形成规模庞大、功能丰富的网络系统。无线传感器网络可以利用多种技术，自动收集物流信息，对物流信息的可靠程度进行检测，以获取真实、完整、时效性较强的数据，从而掌握整个物流系统的运输状态，及时发现物流过程中出现的问题，并进行自主决策与智能调控。此外，无线传感器网络还可以对车辆运输、仓库环境、货物配送等情况进行实时监测，从而提高物流管理的智慧化水平。

◆ 网络传输层

网络传输层涵盖了多种技术，包括云计算技术、M2M技术、数字集群通信技术等，具体分析如下。

（1）云计算技术

云计算技术需要与互联网、移动通信、人工智能等技术相结合，从规模庞大的数据库中提取丰富的物流信息，对这些信息进行智能整合、分析与处理，从中提取更有价值的信息，为用户查询物流信息提供方便，也为物流企业的科学决策，开展智慧化的物流管理提供技术支持，为智慧物流的有序运转提供强有力的保障。

（2）M2M技术

M2M技术可以在机器内部嵌入无线通信，并通过这种方式接收物流信息，让机器与货物之间开展智能通信，对货物运输环境、货物搬运环节进行跟踪监控，从而对物流运输资源进行合理配置，提高货物搬运效率，降低物流运输成本。

（3）数字集群通信技术

数字集群通信技术因为信号抗衰减能力比较强、信息保密性比较好，所以主要用于对无线数据与图片信息进行传输，极大地提高了物流运输过程的安全性，可以同时服务于多种业务，应用前景非常广阔。

◆ 应用服务层

应用服务层对物流管理的智慧化升级至关重要，对物流行业的服务质量有着直接影响。应用服务层主要涵盖两大模块：一是嵌入式智能技术，二是公共物流信息平台。

（1）嵌入式智能技术

嵌入式智能技术对应用系统的功能、能耗、成本以及可靠性提出了较高的要求。嵌入式智能技术建立在计算机技术的基础之上，系统语言与图像处理能力较强，可以有效提高硬件设施与软件设施的使用效率。此外，嵌入式智能技术与数据挖掘及存储技术相结合，可以让信息实现跨行业、跨领域流通与共享，提高各项技术的综合应用效果。

（2）公共物流信息平台

公共物流信息平台的主要功能是收集公共信息，为信息交换提供一个良好的平台，为物流行业信息系统的正常运行提供强有力的保障，并对各类物流信息进行整合,让物流信息实现共享,保证物流企业能够及时准确地掌握各类物流信息,从而对整个物流系统进行优化,提高物流行业的智慧化管理水平。

08 自动驾驶：引爆"最后一公里"革命

"最后一公里"的自动化革命

物流自诞生以来便是一个人力密集型行业，而其进行智能化升级的最终目的便是转变为科技密集型行业。在物流从销售端经仓储分拣到货物运输最后到达消费者端的整个环节中，要实现科技转型、提高物流效率的重要途径便是自动驾驶。由于人工智能、视觉计算等技术的注入，自动驾驶技术具有明显的安全性、便捷性，成为物流行业转型的必经之路。

◆ **物流之痛："最后一公里"难题**

"最后一公里"已经成为制约物流行业发展的主要痛点。物流派送的特殊性使得"最后一公里"往往需要配备大量的车辆和人员才能够完成，而这样的配置方式一方面效率不高，另一方面也会占据高额的成本。无论从物流企业，还是消费者的角度来看，物流的效率都是重要的衡量因素，因此物流企业在从出库到快递点的运输阶段会尽可能追求规模化和自动化,而"最后一公里"自动化的实现则具有比较高的难度。

由于对车辆和人工的需求极大,因此物流行业的成本也居高不下。随着电子商务等行业的发展,这一数据也会逐年增加。"最后一公里"的成本在物流运输全过程成本当中所占的比重颇高,如果"最后一公里"能够实现自动化,不仅可以大大降低物流行业的成本消耗,而且可以提高物流运输的效率,实现物流行业的智能化升级。

"最后一公里"的成本之所以居高不下,主要在于其对车辆和人员的高需求,而自动驾驶技术的运用可以比较好地解决这一问题。比如,应用自动送货机器人来送货不仅能够节约成本,而且有助于提高消费者对物流的满意度。目前,很多物流和电子商务企业已经意识到了无人送货机器人领域的巨大市场潜力,而且开始探索适用于物流行业的自动驾驶机器人。

◆ 自动化革命:无人送货机器人

作为智能物流的有效解决方案,无人送货机器人的外观和运输方式具有一定的差异。目前,各个公司研发的无人送货机器人主要有无人机、自动机器人、无人地面车辆等。

如果无人送货机器人可以广泛投入使用,不仅可以有效地降低物流成本、提高物流运输效率,而且可以改善客户的使用体验,对电子零售商以及物流企业而言都大有裨益。因此,国内外一些企业不惜花费巨大的成本和精力进行自动驾驶技术领域的研发,尤其是能够应用于"最后一公里"的无人送货机器人更成为研发的热点。

随着人工智能、5G网络等技术的应用,近年来物流行业在智能化转型方面取得了巨大的突破。虽然均是应用于物流领域,但无人送货机器人与仓储机器人有所不同:

（1）仓储移动机器人有固定的工作环境，且较少受到干扰，而无人送货机器人的工作特性决定了其没有固定的工作场所，需要在马路和人行道等场所进行活动；

（2）仓储移动机器人的工作环境是有规则、有组织的，而无人送货机器人的工作环境没有一定的规则和组织。

这些不同也就决定了无人送货机器人所采用的技术与仓储机器人有一定的差别。就目前无人送货机器人所采用的技术而言，其综合借鉴了自动驾驶汽车和移动仓储机器人。由于采用先进的技术，无人送货机器人具有人工送货难以企及的一些优势。比如，在配备安全登录系统后，无人送货机器人可以授予收件人访问权限，由收件人自主选择适宜的配送时间。

除了自动送货机器人外，无人机也可以应用于"最后一公里"。由于没有统一的标准，市面上的无人机也具有比较大的差异。比如，谷歌公司研发的Wing无人机外形酷似飞机，而亚马逊Prime Air无人机则跟外星飞船有些相像。

早在2013年，网络零售行业巨头亚马逊宣布了其无人机计划，并进行安全测试。但由于物流以及法规等方面的原因，这一计划受阻。而2019年，最新版的Prime Air无人机成功交付，并表现出了强大的技术优势。比如，在飞行动力方面，Prime Air无人机采用的是混合动力，能够垂直起飞、降落等；在自动识别方面，Prime Air无人机配备了热像仪、深度相机和声呐，并通过其机器学习模型识别物体和飞行导航。

由于受航空管制壁垒的影响，Prime Air无人机目前的交付地区仅限于农村。而其所期望达到的服务目标为能够持续飞行24公里，并在30分钟内将2千克左右的包裹送至收件人手中。

地面机器人与无人机相比，由于运行环境为地面，因此其使用规划的路线运行即可；而无人机虽然运行环境不太固定，但相比地面运行环境不易受到干扰。另外，在实际的物流运输过程中，无人机可以搭配自动驾驶汽车协同合作，发挥各自的优势。

同时，无人送货机器人也可以与自动驾驶汽车一起应用于"最后一公里"的自动化革命中。随着无人驾驶汽车相关技术的发展以及商用规模的扩大，其也将发挥出巨大的优势。而且由于其内置空间更大，因此在配送包裹方面也能承担重要的角色。

典型代表1：亚马逊Scout

电子商务公司一直是物流领域的重要参与者，而为了解决"最后一公里"以及偏远地区送货的难题，目前包括阿里巴巴、京东、亚马逊等在内的国内外电商巨头都在积极开发无人送货机器人。由于在送货方面具有无可比拟的优势，因此无人送货机器人的投入使用也有助于电商企业进一步开疆拓土。其中，Amazon Scout就是电子商务智能化的代表。

2019年1月，亚马逊的无人送货机器人Scout面世。为了更顺畅地完成送货任务，亚马逊公司在几个月的时间内对它进行了多次测试，并将测试范围从西雅图扩展到多个城市。在开发Scout送货机器人的过程中，亚马逊开发人员最为重视的因素是其安全性和可控性，力求保障其能够及时躲避行人或障碍物，并高效率地完成配送任务。

由于无人送货机器人需要配备摄像头、超声波感应器等设备，其所采用的技术也包含了机器人技术。因此，为了尽可能地开发出更加完美的无人送货机器人，亚马逊成立了专门的硬件和软件实验室，并投入巨额资金用于研究无人机和机器人的相关技术。

实际上，在新冠疫情流行期间，Amazon Scout已经用于被困人员的救助工作，并表现出了独特的优势。截至2020年7月，Amazon Scout分别在西雅图、南加州、佐治亚州和田纳西州等地测试了其自动配送系统。而测试的结果也表明，Amazon Scout在不同的气候和环境中均能够比较顺畅地完成配送任务。而且，与传统的物流运输方式相比，Scout机器人的成本更低、更加便利。

典型代表2：联邦快递Roxo

就传统的物流企业的竞争模式来看，其需要大规模配备网点，并制定严格的快递员管理送货制度，在尽可能提高服务质量的同时降低配送成本才可能在激烈的竞争中脱颖而出。但这种竞争模式依然是基于人力密集型的考量，具有极大的弊端。而通过采用无人送货机器人进行自动送货，将大大提高物流行业的科技含量，并能够更大限度地控制成本。

也就是说，未来物流企业之间的竞争将转变为科技水平的竞争，物流企业的终端成本取决于其无人送货机器人的水平。因此，近几年各物流巨头都争相布局无人送货机器人，其中联邦快递Roxo是物流公司智能化的突出代表。

2019年2月，联邦快递的自动送货机器人Roxo交付，并在随后几个月的时间内在四个城市进行了配送测试。值得一提的是，Roxo是在iBot爬楼梯轮椅的动力基础上进行研发的，因此其也是一款基于轮椅底座的电池驱动机器人。相比其他送货机器人，Roxo能更加顺畅地导航路缘和步梯，因此可配送的范围更广。

一直以来，联邦快递的业务重点主要为B2B交付，而积极研发自动送货机器人显示了其扩展B2C业务的意图。与Amazon Scout一样，Roxo也极为重视安全性，并通过配备激光雷达、摄像头和机器学习系统等应对机器人运行过程中的障碍躲避问题。

典型代表3：Starship公司

Starship是一家2014年成立于英国伦敦的初创企业，随着其快速发展，已经成为当地知名的送货机器人公司。目前，其估值已经超过10亿美元。2018年，Starship开始提供无人送货机器人商用付费服务。到2021年1月，Starship公司已经交付超过100万次，并累计完成60万小时的完全自主运行和240万公里无人驾驶里程。

由于Starship小型无人送货机器人的行驶范围主要为人行道或自行车道，不仅减少占用公共道路，而且避免了增加交通拥堵以及道路运行可能带来的安全风险。但是，由于其仍然需要经过路口，因此为了减少安全隐患，Starship小型无人送货机器人须体积小、重量轻，即使遭遇碰撞，也不会带来比较严重的后果。另外，在遇到紧急情况时，Starship小型无人送货机器人会停留在原地，由远程运营中心决定后续操作，这也进一步降低了其发生碰撞的概率。

Starship小型无人送货机器人的第一个商用区域为英国中部重镇米尔顿·凯恩斯。2018年4月至今，其已经在米尔顿·凯恩斯送货超过10万次。虽然Starship在米尔顿·凯恩斯大部分地区已经完成布局，但其主要的目标市场仍然是美国。

为了更好地与自身定位相切合，Starship布局美国的主要测试场所为大学校园。在校园内行驶相对简单，而且学生也是使用外卖叫餐的重要人群，因此Starship在美国大学校园的布局非常顺利，目前已经成为美国大学校园中交付机器人最多的公司。

典型代表4：Nuro公司

根据外观体积的不同，除一般的无人送货机器人和小型无人送货机器人外，还有大型无人送货机器人。大型无人送货机器人的体积较小型无人送货机器人大，因此货物装载量更大、配送速度也更快，而且其往往比一般机动车稍小，也是在机动车道运行，Nuro是其中的典型代表。

2016年，谷歌自动驾驶汽车项目的两位前工程师共同创立Nuro，而其也是较早出现的无人送货机器人公司。2019年，Nuro获得日本软银公司的投资；2020年，Nuro完成C轮融资。目前其估值已经超过50亿美元。自诞生以来，Nuro一直致力于无人送货机器人的研发和测试，并于2018年推出了能够在机动车道上运行的无人机器人R1。此后，Nuro公司一直对其无人送货机器人的技术进行改进，并研发出了外观类似小型货车的无人送货机器人。

由于新冠疫情的影响,无人送货机器人在近两年被空前关注,并被应用于运送食物等疫情救助活动。2020年2月,Nuro发布R2送货机器人,并成为首家能够在公共道路上测试自动送货机器人的汽车集成商。

与2018年推出的R1相比,R2可谓实现了高度自动化,其升级主要体现在以下几点:

- 容量大大增加,能够用于运载货物的空间提升了2/3,可搭载货物总重为190千克;
- 自身重量增加一倍,为1150千克;
- 载货更加方便,货物可以通过两个鸥翼门进入载货区域;
- 开通客户权限,在自动送货机器人到达指定位置时,会通过手机应用程序通知客户,并允许其进入取货。

根据美国运输部的相关要求,Nuro送货机器人的最高时速为40公里,而且可以使用5000辆机器人在公共道路进行测试。而这对于无人送货机器人商用的推进具有十分重要的意义。

典型代表5:TuSimple公司

除了自动送货机器人的研发外,车辆的智能化升级也是智能物流发展的重要组成部分。2015年成立的TuSimple(图森未来)就是自动驾驶卡车智能化的代表。

TuSimple成立于圣迭戈,主要业务为长途卡车运输。2019年,其估值超过10亿美元,并于2021年2月提交上市申请。TuSimple公司一直致力于自动驾驶卡车的智能化,其拥有的40余辆卡车的行驶路线约占美国高速公路的95%。目前,TuSimple已经与航运巨头UPS和卡车制造商Navistar达成战略合作,并进行自动驾驶测试。预计到2024年,TuSimple将能够推出高度自动化的自动驾驶卡车,并逐渐推进商用。

无人驾驶卡车与无人驾驶汽车的原理基本一致,即车辆通过携带的摄像机、激光雷达等传感器将驾驶环境相关的数据传输至计算机,进而做出相应的运行决策。但是两者的运行有两个方面的差别:其一,由于卡车通常需要遵循固定的路线,因此其运行环境相对简单;其二,由于卡车的自重更大、刹车距离更长,因此其需要提前感知到相关的环境信息。

目前,大多数自动驾驶汽车配备了能够感知200米左右距离的激光雷达,但其在卡车满载货物、运行时速为120公里的情况下仍然难以应对。因此,TuSimple公司通过多个高清摄像机解决这一问题,以尽可能地提升自动驾驶卡车的安全性。

由于卡车的尺寸较大,因此相比自动驾驶汽车,自动驾驶卡车也具有一些独特的优势,比如可以配备更为灵活的传感器或更大的计算机,而这些优势也使得自动驾驶卡车在商业化方面取得了一些成果。目前,TuSimple公司研发的自动驾驶卡车仍然配备驾驶人员,而随着技术的更新,其在不久的将来将取消人工监督。

除TuSimple外,Daimler、Embark Trucks、Aurora、Waymo等美国的数家公司也在自动驾驶卡车智能化领域进行了部署,并取得了一定的成就。但是,自动驾驶卡车的道路运行问题仍需要进一步的研究和测试。

09 物流新基建：科技助力智慧抗疫

物流新基建的智慧抗疫

2020年初，新冠肺炎疫情来势汹汹，为了控制疫情传播，武汉封城，全国大多数城市也开始限制交通，给物资运输带来了极大的不便。在此形势下，如何保证抗疫物资能够在最短的时间内送往最需要的地方，如何保证蔬菜、肉、蛋、奶等生活必需品的运输与流通成为一大难题。物流企业在解决这一问题方面展现出极高的智慧。

为保证物流畅通，顺丰、京东物流等物流行业的领军企业积极使用大数据、人工智能、5G等技术，利用无人机、自动分拣机器人等智慧物流设备，极大地提高了物流运输效率，解决了疫情期间物流人员不足的问题，而且用机器人取代人进行物资配送极大地降低了交叉感染风险。物流行业的智慧化创新不仅提高了整个社会的应急保障能力以及应对突发公共卫生事件、重大自然灾害等事件的能力，还可以推动整个物流行业提质增效。

◆物流新基建与智慧抗疫

为了应对新冠肺炎疫情给经济发展造成的冲击，我国政府推出了"新基建"计划，倡导全社会通过加大新型基础设施建设投资来对冲经济减速趋势。"新基建"倡导在新发展理念的指导下，以信息网络为基础，通过技术创新为各行各业提供一个支持数字转型、智能升级、融合创新等服务的基础设施体系，推动经济实现高质量发展。物流行业以及物流装备产业就是要向着数字化、智能化的方向发展，这一点与"新基建"的发展理念非常一致。因此，我国物流企业应该抓住"新基建"大潮，加快技术升级。

目前，我国物流行业正处在技术升级、行业变革的关键节点，与"新基建"的发展密切相关。随着"新基建"稳步推进，我国物流企业以及物流装备制造企业应该积极参与到"新基建"的相关项目中去，利用"新基建"带来的技术红利实现快速升级，向着数字化、信息化、智能化的方向快速发展。从某种意义上来说，"新基建"就是在打造一条"信息高速公路"，为各个行业的数字化、智能化升级服务，当然也包括物流行业。

在此次新冠疫情防控中，无人机、自动分拣设备、无人配送机器人等设备的应用为物流体系的正常运转提供了强有力的保障。随着"新基建"不断推进，信息技术不断迭代更新，物流资源与能力将实现有效整合，不同物流公司、不同物流设备可以通过云端后台对数据、地图进行共享，彼此之间交流互动，实现群感智能，共同完成各项物流运作。

随着新冠肺炎疫情得到有效控制，企业开始复工复产，在这个过程中，智能化的物流系统同样发挥了重要作用。例如智能配送站和社区配送机器人不仅有效降低了物流配送过程中的感染风险，而且在未来也有广阔的应用空间，例如解决物流配送"最后一公里"难题等。

◆ "新基建"赋能物流供应链效率

"新基建"倡导借助5G网络、大数据中心、人工智能等技术，促使数字信息技术与实体经济深度融合。在物流行业，借助"新基建"的东风，物流行业的供应链将得以重构，物流效率也将得到大幅提升。

近几年，菜鸟网络积极引入人工智能、大数据等先进技术，驱动整个物流行业实现数字化转型与升级，推出了很多数字化解决方案，包括数字化的电子面单、智能供应链普惠服务、全球供应链"秒级通关"、菜鸟裹裹快递全链路数字化、菜鸟驿站最后100米数字化解决方案等。同时，菜鸟网络还致力于搭建一个开放、共享、社会化的基础设施平台，为电子商务公司、物流公司、仓储企业、第三方物流服务商、供应链服务商等企业赋能，推动物流行业向着高附加值领域发展，为未来商业发展奠定良好的基础。从某种程度上看，菜鸟网络的这些数字化措施确实对我国物流行业的高速发展产生了积极的推动作用。

基于智慧物流在抗击新冠肺炎疫情期间的种种表现，人们越来越认识到智慧物流、智慧供应链的重要性，逐渐将智慧物流、智慧供应链视为新一代基础设施的重要组成部分。同时，智慧物流、智慧供应链建设也将为"新基建"注入更多活力。

顺丰：无接触配送服务

目前，大数据、物联网等技术在物流行业的应用已经比较成熟，应用场景主要包括车货匹配平台、综合运输管理服务提供商以及电商平台企业。虽然物流企业也在尝试引入人工智能，但除图像识别、语音识别等技术外，其他技术的应用仍处在探索阶段，未来将成为各企业的研究重点。

新冠肺炎疫情暴发后，人们对无人配送、无接触配送的需求也随之爆发，为服务机器人行业的发展产生了积极的推动作用，同时也让很多用户养成了享受无人配送服务的习惯。

◆ **顺丰方舟无人机**

在疫情期间，为了将医疗物资尽快送往前线，顺丰派出了多架顺丰方舟无人机承担配送任务。一架顺丰方舟无人机可以承载10千克的物资，航行18公里。无人机承担物资配送任务，可以在最短的时间内将紧急物资送到指定地点，减少了时间消耗，而在疫情防控期间，时间就是生命。同时，无人机配送减少了配送人员与医护人员的正面接触，有效防止了交叉感染。最重要的是，无人机可以突破道路限行与小区封闭等障碍，将物资送到因为交通不便导致物资缺乏的居民手中。

◆ **丰巢快递助力无接触配送**

为了防止疫情扩散，很多小区实行封闭式管理，禁止外来人员入内，包括快递员、外卖配送员等。为了方便居民收取包裹，顺丰全面发力丰巢快递柜建设。快递员将包裹放入快递柜，系统会自动给收件人发送短信，收件人只需凭短信验证码在规定时间内前往快递柜收取货物即可。在整个过程中，快递员与收件人不会发生任何正面接触，只通过线上沟通就能完成包裹配送任务。

◆ **大数据+区块链的物资配送**

近年来，顺丰积极探索大数据、区块链等技术在物流行业的应用，利用大数据技术形成了非常强大的数据分析能力，可以对万亿运单进行实时计算。顺丰在物流运输过程中形成了海量数据，包括运单、温控、车辆位置、操作行为数据等，数据量可以达到PB级。以这些数据为基础，顺丰为全网万亿运单实时查询提供了有效的解决方案，并且支持系统横向扩展，不断引入新的数据源与字段，使系统的伸缩能力大大增强，有效解决了万亿在途运单超百亿数据实时存储与查询问题，支持客户随时随地对订单状态进行查询。

在新冠肺炎疫情期间，顺丰利用大数据技术对海量数据进行高效处理，根据物资方的需求为其提供重点信息运营分析服务，例如获取物资滞留情况、送达地区物资催派等。同时，在物资送达后，顺丰还可以利用大数据技术对营运问题进行分析，从整个快递网络协同角度切入，对各个物流环节存在的问题进行分析，并制定相应的解决方案，使物流配送体系不断优化。

除大数据技术之外，为了更好地应对疫情带来的复杂配送需求，顺丰还引入了区块链技术，积极推动区块链技术在疫情防控预警、物资溯源等领域深入应用。

京东：构建智慧供应链体系

2020年1月21日，京东成立抗击疫情专项行动，共计投入人民币2亿元,通过物资捐赠、湖北运力支持、民生保障等方式全力支援抗疫,并全面开放人工智能、大数据、云计算等技术能力,推出多款智能产品助力一线抗疫。

◆**智能仓库:物流作业自动化、智能化**

疫情暴发后,京东智能仓库日分拣包裹量大幅增长,从原本的67万件增至100万件。京东物流在全国拥有70多个不同层级的高度自动化的智能仓库,为了应对突然暴增的包裹分拣任务,各种分拣机器人24小时不间断作业。除此之外,京东还在全国建立了25座亚洲一号智能仓群,打造了一个全国性的智能物流园,物流作业实现了高度自动化、智能化,使物流速度与效率得以大幅提升。

相关数据显示,从2020年1月19日到22日,仅三天时间,京东商城售出口罩1.26亿只,消毒液31万瓶,洗手液100万瓶,为全民抗疫提供了强有力的物资支持,这些数据的背后正是京东强大的供应链体系。

新冠肺炎疫情暴发初期正值春节,大部分物流人员处于休假状态,再加上很多城市封锁了交通,给物流运输带来了极大的挑战。在物流配送人员不足的情况下,物流仓的服务范围大幅缩小,将货物从区域物流中心调配至下级仓库也变得极富挑战,最终导致配送时效大幅下降,部分地区不支持配送。

为了解决这个问题,京东物流推出"多级网络分层优化"功能,可以根据最新的疫情信息对物流仓、物流网的状态进行实时分析,对各省市物流仓、物流网的库存分布进行详细计算,并重新规划运输路线。同时,京东还允许供应商直接将货物发往前置仓,省去将货物从区域物流中心调配至前置仓这一环节,大幅缩短了物流配送距离,提高了物流配送效率。

◆ **精准调度：应急物资供应链管理平台**

在疫情期间，口罩、酒精等防疫物资成为畅销品，需求暴涨，一些商家为了牟取暴利趁机调高商品价格，还有一些商家虚构库存数量，在用户下单后却迟迟无法发货，严重影响消费者的购买体验，同时也对整个平台的商家信誉造成不良影响。虽然平台知道有商家存在这类行为，但无法通过人工的方式从数十万信息中找到这些商家。为此，京东利用智能预测、异常数据检测等算法创建风险预警模型，对商家的不合理涨价、超卖等行为进行监控，规范商家运营。

另外，在疫情期间，如何将抗疫物资在最短的时间内送到最需要的地方也是一个关键问题，直接关系着抗疫效果以及抗疫人员的人身安全。在这个过程中，数字化技术与大数据分析技术发挥了重要作用。例如，京东与湖北省政府合作共建应急物资供应链管理平台，帮助湖北省新冠肺炎防控指挥部实现了需求、采购、调配、送达到捐赠的全场景协同，并利用数字化技术将需求方、采购方、供货方连接在一起，对医疗防护物资在供应链不同环节产生的信息进行整合，在上游指导生产决策，对生产进度进行监控，在下游对各项需求的优先级进行计算，对防疫物资进行科学调配，保证发放过程的可视化、透明化，让所有的防疫物资都能发挥出应有的效用。

◆ **智能配送：降低疫区配送人员感染风险**

为了降低物流配送人员在配送物资过程中被感染的风险，京东物流将自主研发的智能物流配送机器人派往一线。2020年2月6日，京东智能配送机器人将医疗物资送往武汉市第九医院，成功地完成了在武汉市智能配送的第一单。为了让武汉市的智能配送实现常态化，京东物流在各地抽调配送机器人驰援武汉，为武汉各大医院配送各类物资。

同时，对于因为疫情封闭交通的人口密度相对较低的区域，京东利用无人机承担配送任务。例如，河北省保定市安新县刘李庄镇受疫情影响轮渡停运、公路封闭，物资运输完全中断。京东利用无人机开启了一条空中物资运输通道，为村民送去了必需的生活物资以及社会捐赠的各类物资。

智能配送机器人原本就是京东物流的一个研究项目，此前也在北京地区完成了试用，只是受各种技术条件的限制迟迟没有推广应用。此次疫情在某种程度上加速了智能配送机器人的投放使用，也对无人车配送、无接触配送的发展产生了积极的推动作用。

圆通：开通物资绿色通道

2020年1月23日，为了遏制病毒扩散，武汉市乃至整个湖北省的进出通道相继关闭，全国各大城市纷纷设卡。为了保证人员、物资的正常运输，京东、顺丰、圆通等物流企业积极响应国家号召，承担起运送物资的重任，利用各种先进的人工智能技术积极参与抗疫，发挥了重要作用。

新冠肺炎疫情暴发之后，圆通全面开通疫情救援物资绿色通道，在国内外全力采购防护物资，并开通便民蔬菜专线，保证市民的蔬菜供应。在充分保证运输人员人身安全的基础上，圆通公司积极承担运输使命，将疫情救援物资源源不断地运往"战疫"一线。

◆ **圆通速递妈妈驿站**

疫情暴发后，圆通开始对智能化物流、无接触式配送等进行思考。为了保证居民购买的防疫物资、生活必需品能够按时送达，圆通速递"妈妈驿站"在全国大中小城市遍地开花，为居民提供"线上扫码寄取"服务，对无接触式配送模式做出了有益探索。在大数据、智能算法、智能定位等技术的综合作用下，圆通速递的即时配送能力得以大幅提升，不仅为消费者提供更优质的物流配送服务，还为更多实体商家赋能，帮助他们渡过难关。

◆ 开通便民蔬菜专线

在居家隔离期间，为了响应国家"少出门、不聚集"的号召，很多消费者开始尝试线上买菜。面对突然暴涨的蔬菜配送需求，一些生鲜平台显得力不从心。蔬菜生鲜配送与普通快递配送不同，对配送时间要求更高，需要配送员在极短的时间内完成取菜、配送工作，而且大多需要专人直送。在这种情况下，圆通速递甘肃张掖分公司与当地政府合作，直接从市场采购蔬菜、水果、生鲜，再按照原价配送到小区附近的隔离点，实现"无接触配送"，满足居民的日常生活需求。该服务上线之后，受到了当地居民的热烈好评。

在即时物流环境下，单位时间内产生的包裹数量大幅增长，再加上客户对配送时间的要求越发精准，快递员很难再凭借过往的经验完成配送任务。为了满足即时配送需求，物流企业必须利用先进技术，例如大数据、人工智能、物联网等优化物流配送网络，根据客户的时间、地点要求为其提供定制化的配送服务。

◆ 支援疫情防控

在疫情防控期间，为了保证防疫物资运输通畅，圆通陆运、空运与国际运输相互配合，紧密协作，对救援物资的运输进行全面部署，并制定了"不休网、不拒收、不积压、不转投"的十二字方针，保证防疫物资可以在第一时间运往抗疫前线。

在抗疫前线，圆通利用人工智能、大数据等技术搭建物资供应与调配网络，并引入智能配送机器人、物流智能仓等新技术，既缓解了配送人员不足，又提高了物流配送效率，也在很大程度上减小了物流配送人员受感染的风险。

新冠肺炎疫情对物流行业提出了新要求，进一步加速了物流行业数字化改革的进程，同时也迫使很多物流企业开始反思。从市场需求来看，用户对物流服务的快捷程度、柔性化程度提出了更高要求，这些要求很难凭借传统的技术手段得以满足。未来，传统物流行业将引入更多先进技术，摒弃传统的粗放式增长模式，向规模化、科技化、专业化的方向不断发展。

第四部分
数据智能篇

10 数智物流：大数据重塑现代物流

大数据时代的物流变革

大数据是指需要使用新的数据处理模式进行分析，以获得更强的决策力、洞察力和流程优化能力的海量、高增长、多样化的信息资产。从实际应用角度来看，可将大数据理解为对数据资源进行整合利用的一种新技术手段。

随着大数据产业的迅猛发展，大数据在物流领域发挥着越来越重要的作用，能够帮助物流企业快速全面收集内外部数据信息，并通过大数据分析深挖数据价值，使企业可以及时准确地了解物流运营中的动态信息，明确物流业发展态势和痛点，从而为制定合理的发展目标、实现高效和有效的物流决策提供有力的信息支持。

大数据的价值能够体现在物流运转的诸多环节中，这项新兴技术的应用，能够有效促进物流行业的发展。物流企业可以在内部管理、资源分配、客户关系维护等多个方面发挥大数据技术的作用，借助先进的技术工具提高决策制定的准确性，加速整体运转。

众所周知，物流就是将物品从供应地送达接收地的过程。在这个过程中，要以实际需求为准，完成包括货品运输、仓储、装车、卸载、包装、订单处理、配送等在内的多项操作，并将这些环节连接起来。

迅速崛起的电商行业，特别是高速增长的网络购物为快递业注入了源源不断的发展动力。如今，快递业在电商领域的发展过程中扮演着非常重要的角色。不仅如此，电子商务物流业还带动了整个物流行业的发展，使行业的智能化、现代化水平上升到了新的高度。

物流行业在运转过程的各个环节中都会产生很多数据，具体如货品存储环节、包装环节、运输环节等。利用大数据技术能够帮助企业实现成本节约，加速系统运转，提升配送效率，并逐步优化物流服务体系。

大数据技术的应用能够将商品供应方、物流企业、终端客户打通，建立高效的信息服务平台，根据客户的需求输出优质的物流服务。除了在企业的物流活动管理中发挥作用之外，大数据信息平台还能对企业所在的供应链体系及其行业运转的总体情况进行分析，帮助企业客户优化其流程体系，提升物流运转效率。在物流行业对大数据需求的驱动作用下，大批拥有物流数据信息平台的企业发展成为数据服务提供商。

在交易方面，物流大数据服务提供商能够获得企业客户提供的信息管理权，通过进行信息整合向客户输出服务，完成双方之间的交易。即服务提供商对物流企业、商家、消费者的相关数据信息进行分析，对商家、企业的货品供应及物流运转情况进行预测，将预测结果提供给企业客户，帮助客户实现资源的整合利用与优化配置。

物流大数据的应用场景

大数据时代，物流企业间的竞争逐渐转变为数据获取和大数据分析能力的比拼。应用大数据，物流企业能够及时准确感知市场变化、实现客户精准画像，从而据此调整优化业务运作，提供充分满足客户需求的个性化、定制化的优质物流服务。当前来看，大数据在物流企业中的具体应用主要集中在以下几个方面，如图10-1所示。

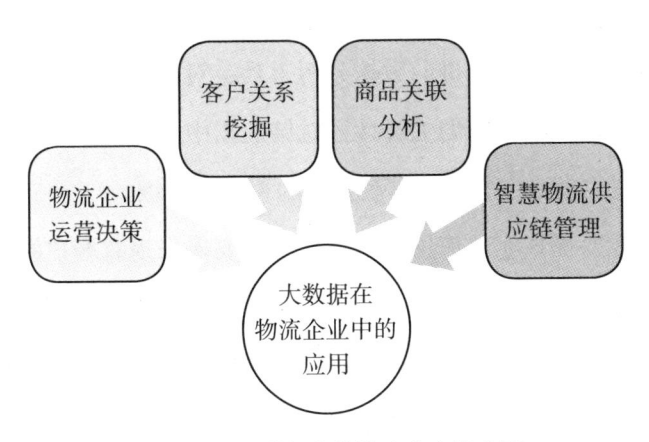

图10-1 大数据在物流企业中的应用

◆**物流企业运营决策**

物流数据涵盖了商品运输、存储、加工、配送等运作过程中产生的信息。物流企业能够利用大数据技术加快商品处理，减少库存量，优化自身的运营管理，缩短配送时间，按照客户要求将商品送到指定地点。

在路径规划方面，企业可以利用大数据分析技术，通过选择最优路径减少自身的成本消耗。对物流配送运输的过程进行分析能够发现，物流企业要对客户的不同需求进行处理，还要解决城市交通路线复杂、货物接收地点分散、货物类型差异大等诸多问题，并且要考虑客户的接收时间。在实际运营过程中，物流企业需要提前规划物流路径，在综合考虑多种因素的影响下选择最佳方案。

企业要重点考虑车辆路径的安排与优化。通过选择最优车辆路径，物流企业既能够减少冗余的配送程序，提高车辆资源的利用效率，降低配送次数，实现成本节约，又能在更短的时间内满足客户的需求，输出优质的服务，为客户提供高质量的物流体验，从而获得长久的发展。

◆客户关系挖掘

物流企业可以借助先进的数据分析工具，对商品与客户数据进行深度处理，寻找不同数据之间的关联性，总结数据中隐藏的价值规律，为企业的决策制定提供精准的参考，推动企业的智能化升级。

物流企业要提高客户信息的利用率，既要提高现有客户的黏度，又要采取有效措施开发新客户。当前的客户关系管理系统已经无法满足企业在新时代背景下的发展需求，物流企业应该通过系统改革进一步提高客户的积极性。为此，物流企业可以使用先进的数据分析技术，配合其物流信息系统的运营，实现对数据价值的深挖。

◆商品关联分析

储位管理是否得当，能够直接影响物流企业的储存搬运分拣率，以及仓库的整体利用效果。身处大数据时代中的物流中心，需要在同等时间内处理更多的商品信息，要通过合理安排商品储位来提高工作效率。数据分析技术的应用能够为企业提供有效解决方案，帮助企业迅速找到货品之间的关联性，加快完成货品分拣及货架安排。

随着时间的推移，推向市场的产品在销量上会发生变化。通常情况下，产品销量会从最初的导入期，到后来进入增长阶段，然后逐渐成熟，最后进入衰退期。企业在不同时期要根据市场需求的变化采取相应的分拨策略。在大数据时代中，物流企业可以借助先进的技术工具来预测并及时感知市场需求的变化情况，降低企业的运营风险，提高决策制定的科学性。

◆**智慧物流供应链管理**

大数据时代下，物流企业运用先进技术手段，通过获取采购、生产、销售、售后服务等等各个环节的数据信息，在进行数据提取与分析的基础上实施统一的供应链运营管理。智慧物流使企业在运营过程中，能够实现与供应链其他环节企业之间的信息交流，促进物流信息在整个供应链内部的顺畅流通，促进各个环节之间的协同运作。

供应链的信息化发展到一定程度后，才能实现智慧型一体化供应链。相比之下，后者能够提高整个供应链运行过程中的信息透明度，增强供应链运营的灵活性，提升整体运营效率。智慧型供应链不仅能够让物流企业掌握采购、生产、销售等各个环节的信息，还能获取客户相关数据，通过数据分析，为供应链上游企业的采购计划制定、产品生产安排等等提供参考，同时，为下游企业的市场运营、顾客管理、服务完善等等提供有效的指导，在这个过程中，还可以根据供应链发展需求推出信息咨询、金融服务。

在建设智慧型供应链的过程中，最重要的是利用大数据及相关智能技术，实现信息对称，加速整个供应链的运转。相较于传统供应链，智慧型供应链能够实现先进技术在各个环节的深度应用，促进信息资源的流通及整合应用，加强供应链各个环节之间的合作关系，提高供应链对不断变化的市场环境的应对能力。

打通"商流+物流"大动脉

近年来，高速发展的物联网、智能传感、数字存储等新兴技术，促使物流企业进行改革，推动了传统物流向现代物流的转型，有效提高了物流企业发展的信息化、智能化水平，让越来越多的物流企业意识到，在大数据时代下，只有实现智慧物流，才能获得持续性的发展。

在信息时代，很多物流企业的组织结构呈现出新的特点。传统模式下，多数物流企业采用内部一体化的管理模式，今天的物流企业则更倾向于过程一体化管理。与此同时，企业开始采用水平组织代替之前的垂直组织，这种转变让物流企业更加重视运营过程。

在此期间，企业可通过大数据的应用提高其物流运营的智能化水平，更好地把握物流运营过程中产生的物流信息，减少在不同环节中出现的信息误差，通过应用先进的技术手段、完善物流运作过程来加速整个企业的运转。总体而言，对物流企业来说，过程的重要性逐渐取代功能的重要性，横向一体化组织模式逐渐取代之前的纵向结构组织。

在现代物流管理中，"商流"与"物流"的管控是企业不可忽视的一环。具体而言，是指物流企业根据品类的不同对物流商品进行专业化的处理，通过加强供应链与物流网络中各个环节之间的合作来满足客户需求，并通过这种方式拓宽自身的利润空间。商物品类管理、物流网络管理、流量流向管理共同构成智慧物流商物管控，通过一系列的运转操作，物流企业能够促进物流供给与市场需求之间的对接。

在运营过程中，物流企业要实施物流商流管理，即对物流运行中相关的商物进行品类划分，运用大数据与智能处理技术，获取待存货品、货物进出、货品来源地及将要运往的市场等相关信息；对物流网络包含的主要商物节点、流通渠道实施监管，灵活采用多种分析方法，对物流运营中的货品运输规模、运输目的地进行分析与把握，根据商品所在的消费地区建立相应的生产及消费结构，促进社会资源的优化利用，减少资源浪费。

在大数据时代下，企业可借助大数据强化对商物流通的管控作用，实现对流通过程中各个环节的高效监管，将流通全局管控、客户细分管理、市场发展趋势分析结合起来，共同促进物流企业的发展。

◆ **流通全局管控**

在大数据时代下，企业利用智慧物流，能够了解各类商品在各个区域的生产及市场运行情况，对商品品类结构、流通结构等等进行把控。如此一来，企业在开展物流运营的过程中，就能对商品的流通结构、市场比例等进行准确的分析，据此了解市场需求，针对性地开展自身运营。

◆ **客户细分**

智慧物流依托大数据技术，能够让企业实时了解各个地区的产品生产与消费情况，有助于企业按照顾客的需求、习惯、偏好、价值选择等对其进行群体划分，将拥有共性特征的客户划分到同一个群体中，并以群体为单位开展运营，实施精细化营销策略，满足客户的不同需求。

◆ **市场趋势分析**

企业运用大数据、云计算、物联网等技术手段，通过建立统计模型，获取商品流通过程中产生的相关数据，据此掌握各个区域的市场消费情况，进而对当地的市场发展动向进行推测，提前制定应对方案，促进社会资源的优化配置。

数智化转型:一切业务数据化

物流企业运用大数据及智能处理技术,能够及时获取物流信息,对数据资源进行深度分析,为企业在各个环节的运营提供参考,促进企业对传统物流业务实施改革。从业务层次来看,在大数据时代下,物流企业应该对核心业务、辅助业务、增值业务进行数据化升级。

◆核心业务管理

运输、仓储、配送与信息是现代物流核心业务的主要组成部分,通过发展智慧物流,企业能够对核心业务的各个环节进行优化与创新,提高整体运营的智能化与信息化水平。与此同时,企业能够实现内部各个部门之间的物流信息共享,加速运转。大数据技术在核心业务管理中的应用如表10-1所示。

表10-1 大数据在核心业务管理中的应用

业务环节	具体应用
运输业务方面	身处大数据时代中的物流企业,通过改革、优化自身的运输业务,能够促进物流资源的整合利用,为客户提供全方位的物流服务,在具体运营过程中,企业要规划合理的运输路线,实时了解货物运输情况,强化对整个运输过程的监管,促进内部资源的合理调度,推动不同业务部门之间的合作及协同运营
仓储业务方面	企业在分拣、存储、货品盘点等环节中应用智能技术,向智慧物流转型
配送业务方面	企业借助大数据及相关智能技术,获取产品配送过程中的交通、价格、客户需求等相关数据,在进行分析与处理后,为企业制定配送方案提供参考
信息业务方面	物流企业可利用大数据及智能技术促进企业内部、企业与其他合作伙伴之间的信息互动,提高企业的市场应变能力

◆辅助业务管理

包装、装卸搬运、加工是现代物流辅助业务的主要组成部分,也是大数据时代下发展智慧物流的几个重要环节，如表10-2所示。

表10-2 大数据在辅助业务管理中的应用

业务环节	具体应用
包装业务方面	智慧物流能够对货物属性、客户需求、消耗成本等因素进行综合考虑，选用合适的包装技术、包装材料，并以智能技术手段代替传统的人工操作，减少人为误差
装卸搬运业务方面	智慧物流运用先进的智能设备及技术工具，与网络通信系统、计算机监控系统、智能装卸搬运信息系统搭配使用，将企业在包装、仓储、运输等各个环节的运营串联起来
加工业务方面	在货品挑选与搭配、配送、贴签等环节应用智能技术，加速物流整体运转

◆ **增值业务管理**

运用大数据技术，企业能够对物流运作过程中产生的信息进行收集与分析，促进物流核心业务与辅助业务的现代化发展，并根据数据分析结果，对智慧物流增值业务进行延伸，不断完善企业的服务体系。现代物流增值业务由物流咨询、物流状态追踪、物流过程监管、物流决策制定、物流教育、费用支付等等环节共同组成。

物流企业在向智能化、一体化方向转变的过程中，应该注重对物流信息的获取与分析，为了提高物流运转效率，物流企业应该对物流运营过程中所有环节、所有流程中产生的信息进行收集，在整理、分析之后向客户开放，从而降低企业的物流成本，并在此基础上提高自身的市场适应能力，体现企业发展的竞争优势。

在应用大数据及相关智能技术的基础上，物流企业要建立专业的数据库系统，运用计算机技术提高数据分析的效率，制定统一的物流标准，实现智能化信息存储，对传统的业务模式及组织结构进行优化，大力引进并采用先进技术，促进物流企业向智能化、信息化、现代化方向的发展。

11 基于数据挖掘技术的物流管理

数据挖掘：物流智能化管理升级

新技术、管理模式及方法在物流管理领域的应用，有效提高了企业的物流管理水平，使企业能够更为灵活地应对不断变化的市场环境及用户需求，实现提质增效，提高内部凝聚力与外部竞争力，从激烈的市场竞争中成功突围。

现代物流管理更加强调自动化、智能化、智慧化管理，管理效率明显提升，物流从一项高昂的成本支出，转变成为新的利润增长点，有效提升了客户体验的同时，更使社会资源的配置及利用得到进一步优化。

◆ **企业物流管理的现状和问题**

经济全球化，让企业能够在世界舞台上大展拳脚的同时，也使企业面临的市场竞争更为激烈，不但要面对国内竞争对手，还要和国际巨头同台竞技。为了提高自身的核心竞争力，企业纷纷实施集中化战略，争取构建出强大的核心竞争力。

提高运营效率，降低运营成本是企业管理追求的重点目标，而物流管理是实现这一目标的有效方式之一。在现代企业竞争中，物流环节是影响用户体验的重要组成部分，物流管理水平在企业参与市场竞争中扮演的因素愈发关键。但长期以来，我国企业普遍重视商流和资金流，忽略物流和信息流，导致物流管理水平严重滞后，根本不能满足企业参与市场竞争需要。具体来看，国内企业物流管理出现的问题主要表现在以下几个方面：

（1）对物流管理缺乏足够认识

技术、制造设备、生产工艺的不断进步，使生产环节已经很难为企业构建竞争力，产品同质化尤为严重，竞争开始向服务质量、用户体验转移，而物流对服务质量与用户体验有直接影响，如物流管理水平低下将带来物流时效性差，货物损坏、丢失等各种问题。

但很多企业未能认识到物流管理是企业构建核心竞争力的重要组成部分，没有针对其制定长期性的战略规划，造成成本增加的同时，更严重影响了用户体验。

（2）会计核算方式不合理，没有真正反映出物流成本

很多企业在核算物流成本时，通常仅是将直接支付给第三方物流公司的仓储、运输及配送费用作为物流成本，而忽略了统计库存管理、包装装卸、物流基础设施建设及维护等成本，导致呈现在企业管理者面前的物流成本较低，无法引起管理层对物流管理的重视。

（3）物流职能分散、环节割裂，导致效率低下

很多企业的采购、仓储、包装、运输、配送等物流环节由不同部门管理及控制，各环节管理缺乏协同性、整体性。

（4）以人工管理为主，物流管理方式落后

很多企业仍在沿用传统的物流管理方式，投入大量人力进行物流管理，造成成本高企的同时，管理效率也不高。而现代物流管理应用了通信技术、条码技术、人工智能、物联网等高科技，能够让企业物流管理实现自动化、智能化、智慧化，显著提高管理水平与质量。

◆数据挖掘：物流智能化管理与决策

数据发掘技术通过大数据、数据仓库等数据处理技术及各种分析方法和工具，对海量离散、无序、多源数据进行深入分析，从而找到数据背后的联系与规律，为企业的战略决策提供强有力支持。

对企业进行数据挖掘来说，目前，国内企业在数据搜集和提取方面的问题尤为严重，很多企业数据管理混乱，数据被存放在多个部门、多种系统之中，难以在短时间内进行高效整合及利用。对数据进行搜集、整合是开展数据挖掘的基础和前提，然而很多企业的数据处理系统根本无法完成这种工作。

数据仓库作为一项数据存储及组织技术，能够帮助企业建立新的数据分析处理环境，其应用逻辑是从企业的脱机历史业务数据、OLTP（On-Line Transaction Processing，联机事务处理）系统及外部数据源中搜集数据并进行处理，从而为企业的数据分析及管理决策提供支持。对海量数据进行探索式分析，首先要进行的是OLAP（On-Line Analytic Processing，联机分析处理）。数据挖掘可以对未来的发展趋势进行预测，更为高效精准地定位问题，在金融、零售、营销、质量管理、医药工程、市场研判等领域有十分广泛的应用。

数据挖掘的流程与关键技术

现代物流系统由多个环节共同组成，其中，全程物流包含的运营环节尤其多，具体如货品搬运、运输、存储、配送、加工等环节，在整个运营过程中将产生海量的数据信息。近年来，越来越多的物流企业开始采用信息化网络体系，进一步扩充了企业的数据库体量，增加了企业处理数据的难度，导致企业无法根据数据分析结果进行决策制定，甚至对许多物流运营环节疏于管理，整体物流成本居高不下。在信息化时代下，信息技术、网络技术的高速发展与普遍应用，推动了大数据在物流行业中的应用。企业在向信息化发展的过程中，应该建设物理管理信息系统，借助先进的技术手段，对物流运营过程中的数据信息进行高效分析。

企业在物流运营过程中产生的海量数据，往往蕴藏着商业价值巨大的信息内容，利用数据挖掘技术，能够对这类信息进行提取，为企业制定决策提供有效的参考，让物流管理者从繁杂的数据处理工作中解放出来，将更多精力投放到决策制定上，从而提高企业的决策及管理能力。在信息化时代下，物流企业应该充分发挥数据挖掘技术的价值。

◆数据挖掘的基本流程

数据挖掘指的是，企业运用统计技术、可视化技术、机器学习技术等，对海量数据中潜藏的价值信息进行提取，进行数据分析与深度处理。在具体实施过程中，企业运用数据库技术对数据资源进行初步归纳，然后用人工智能技术对数据进行深度加工与处理。整个过程由以下几个阶段构成：数据准备、数据挖掘、结果分析、用户界面，如图11-1所示。

```
数据准备
   ↓
  数据挖掘
     ↓
    结果分析
       ↓
      用户界面
```

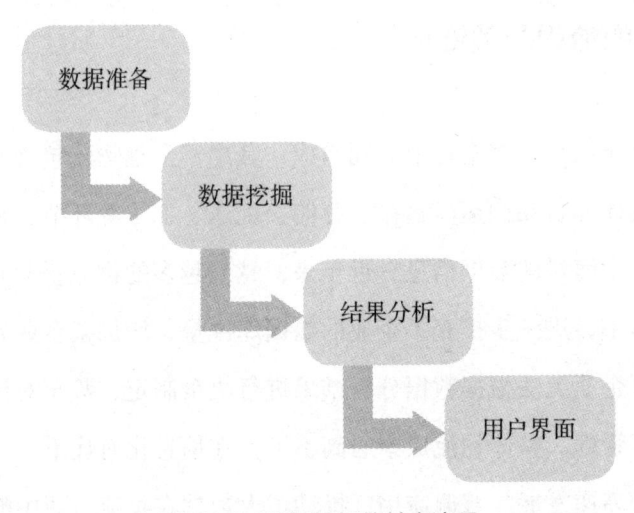

图11-1　数据挖掘的基本流程

（1）数据准备

这个环节可细分为三步：数据获取、数据选择、初步处理。在这个环节，企业要对多元化渠道的数据信息进行收集，还要筛选出符合数据挖掘条件的数据，在此基础上，对数据质量进行评估，为后期的数据处理打下基础，同时，要对数据挖掘方式进行定位。此外，要根据企业将要采用的挖掘算法，建立相应的分析模型，只有这样，企业才有可能达到数据挖掘的目的，提高数据资源的利用率。在整个数据挖掘中，数据准备的工作量占到总体的六成，反映出数据挖掘对数据的要求之高。

（2）数据挖掘

进行预处理之后，要对数据进行深度挖掘，在这个阶段最重要的是完善挖掘算法。通常情况下，企业可采用两种数据挖掘方式：一种是发现型的数据挖掘，即借助数据分析系统给用户提供假设；另一种是验证型的数据挖掘，即用户对数据中的价值进行提取并加以验证。

（3）结果分析

在这个阶段，企业要根据数据挖掘操作选择具体的数据分析方法。在进行数据分析之前，首先要把握决策目的，将数据中包含的高价值信息提取出来，供企业的决策者参考。所以，在这个环节中，除了要说明数据分析结果之外，还要对信息进行高效筛选，不断进行数据挖掘与分析，直至达到决策者的要求，为其决策制定提供全面、精准的参考。

（4）用户界面

可视化技术在这个环节应用得比较普遍。利用可视化工具，能够对数据中提取的价值进行有效评估，若数据处理结果达不到使用者的要求，则需重新进行数据挖掘，在得出满意的结果后，对自身业务信息系统的结构进行优化。

◆**物流管理信息系统的关键技术**

基于数据挖掘的物流管理信息系统，在运营过程中要用到数据仓库、数据挖掘、数据分析等核心技术。

（1）数据仓库技术

数据仓库的功能是对来自于不同渠道的数据信息进行存储与管理，利用网络技术，数据仓库能够实现各个数据库之间的有效对接，通过数据存储中心对数据资源进行统一管理。从逻辑层面来分析，企业首先要拥有一定规模的数据库，才能运用数据仓库技术，不同数据库之间是相互独立的。数据仓库运用网络信息技术，能够实现多个数据库的系统化运作。在实施管理的过程中，要注重对传统数据库的处理，以数据仓库取而代之，提高整体的数据分析及应用效率。

（2）数据挖掘技术

在整个系统运作过程中，最关键的就是数据挖掘。这个环节要用到挖掘算法与模式模型。现阶段下，企业能够采用的数据挖掘方法主要包括：聚类分析、归纳总结、关联性分析、依赖性分析、趋势预测、知识发现等等。每种方法都是优势与弊端并存的。在具体实施过程中，企业会根据自身需求将几种数据挖掘方法搭配使用。目前在市场上比较常见的数据挖掘工具都是对不同方法的结合运用。举例来说，IBM开发的Quest系统，美国硅图公司联合斯坦福大学共同开发的MineSet系统，都运用了多种挖掘方法。

（3）数据分析工具

数据仓库能够给使用者提供丰富的数据资源，与此同时，还要用到多元化的分析工具，具体包括统计分析工具、信息搜索及优化工具等。企业能否制定科学、合理的决策与工具的性能息息相关。现阶段，市场上已经推出一些先进的数据分析工具，利用这些工具，企业能够及时进行数据获取与分析，在不干扰业务系统运营的情况下完成数据获取。

数据挖掘的主流应用方法

物流管理能够应用的数据发掘方法十分多元化，每种方法都有其特性及适用范围，下面将对几种主流的数据挖掘方法进行具体分析，如图11-2所示。

图11-2 数据挖掘的主流应用方法

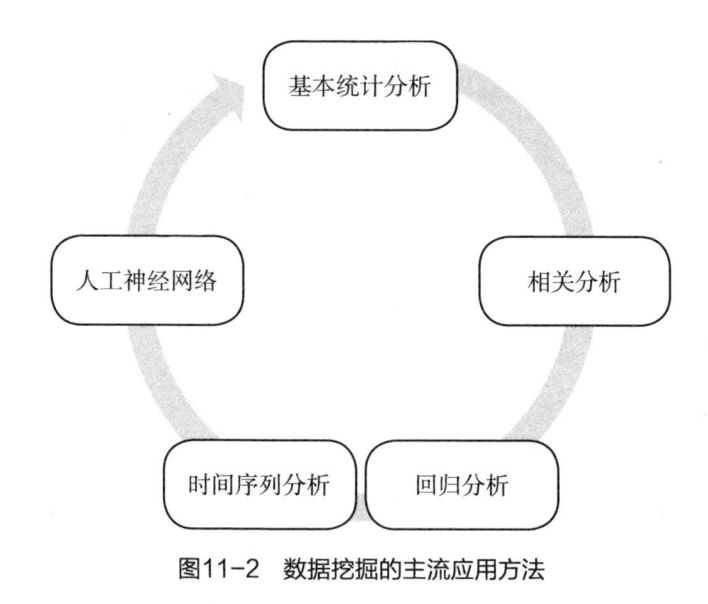

◆ **基本统计分析**

统计学是关于认识客观现象总体数量特征和数量关系的科学，在人类社会各个领域的应用非常广泛，可以为个体及组织的决策、计划实施、监督检查、宏观调控等提供支持。对企业的物流管理而言，基本统计方法可以让企业对物流信息进行实时查询，帮助物流管理人员制定决策，并对物流运作流程进行监督。

统计分析方法是从整体数据中选择出具有一定代表性的数据进行处理及分析，从而反映出整体的状况。然而由于国内物流企业数据管理混乱，造成数据分散、无序，给应用统计分析方法带来了较大的阻力。

◆ **相关分析**

相关分析方法是一种挖掘经济现象之间的相关性，从而为控制和预测提供支持的分析方法。物流管理要素之间并非是完全割裂的，而是彼此之间相互联系、相互影响。将相关分析方法应用到物流管理之中时，要素之间的关系被分为两种：一种是有严格依存关系的函数关系；一种是存在不确定、不严格依存关系的相关关系。通过相关分析方法进行物流管理的逻辑如下：

（1）明确各物流要素之间是否存在相关关系，以及相关关系属于何种类型（包括正负相关关系、直线与曲线相关关系、一元和多元相关关系）；

（2）明确各物流要素之间相关关系的密切程度；

（3）对存在密切关联的物流要素建立数学模型，并通过回归方程来体现要素之间的关联程度；

（4）对回归方程的可靠性进行考核；

（5）使用通过考核后的回归方程进行预测和控制。

需要指出的是，如果变量数量较多，而且各变量间不存在线性关系时，使用相关分析方法进行分析的准确性将会显著降低。

◆ 回归分析

回归分析能够找到变量之间的数量变化规律，建立自变量和因变量之间的数学关系式，然后通过建立与之匹配的回归方程进行统计分析及预测。从自变量数量角度上，回归分析包括一元回归分析和多元回归分析；从自变量和因变量关系类型角度上，回归分析包括线性回归分析和非线性回归分析。将回归分析应用到企业的物流管理中的逻辑如下：

（1）根据样本数据找到变量间的定量关系式，并对其中的未知参数进行评估（主要使用最小二乘法评估）。

（2）对定量关系式进行验证。

（3）处理多自变量同时影响一个因变量的定量关系式时，利用向前回归、向后回归、逐步回归等方法找到对因变量影响较大的自变量，剔除影响较小的自变量。

（4）根据得到的定量关系式帮助企业进行物流管理及控制。

回归分析方法的侧重点是对变量间的数量变化规律进行发掘，而忽略了时间等因素对变量间关系的影响，从而使回归分析无法反映出时间敏感型变量间的数量变化规律。

◆时间序列分析

时间序列分析的逻辑是，通过数理统计方法对遵循时间顺序的数字序列进行处理，从而对未来事物的发展进行预测。

本质上，时间序列分析是一种定量预测方法。一方面，它强调事物发展具有一定的延续性，可以根据过去及当下的状态预测其未来状态；另一方面，时间因素在分析中扮演着关键角色，这种预测方法简单易用，适合中短期预测，但偏差无法彻底消除，在实际应用中，往往要使用加权平均法优化历史数据。

◆ANN

ANN（Artificial Neural Network，人工神经网络）可以被看作为一种以方向性连接的海量节点构成的网络结构，由于它模仿了人脑神经网络的结构和功能，具备一定的学习能力。ANN可以从过去的案例中学习并借鉴解决实际问题的知识、经验，并将其应用到各种工作任务中。

ANN能够对数据进行并行处理，找到非线性映射关系，快速提供最优解决方案，而且通过一定的自我学习不断完善，这些特性决定了ANN在非线性推理和模糊推理方面具有明显优势。物流过程较为复杂，同时存在多种影响因素，而且移动互联网时代的事物存在太多的不确定性，仅用数学模型来分析并解决物流管理中的问题，恐怕很难取得良好效果，而ANN为解决这一问题提供了有效途径。

随着相关研究及应用的不断深入，数据挖掘技术在现代企业物流管理中发挥的作用会愈发关键，需要企业对数据挖掘技术在物流乃至日常经营管理中的应用给予高度重视。只有这样，才能不断提高物流管理决策效率与质量，给用户带来优质服务体验，更为灵活地应对激烈复杂的市场竞争。

基于数据挖掘的物流管理

大数据时代，物流企业间的竞争逐渐转变为数据获取和大数据分析能力的比拼。应用大数据，物流企业能够及时准确感知市场变化、实现客户精准画像，从而据此调整优化业务运作，提供充分满足客户需求的个性化、定制化的优质物流服务。

具体来看，大数据挖掘技术在物流企业中的具体应用主要集中在以下方面，如图11-3所示。

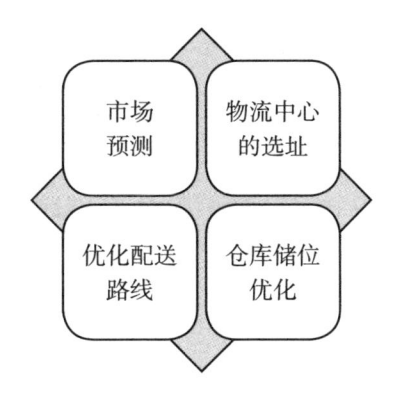

图11-3 大数据挖掘技术在物流企业中的具体应用

◆ **市场预测**

任何商品都有自身的市场生命周期，不可能始终保持热销状态，特别是在消费者行为和需求快速变化的情况下更是如此。从企业角度来看，以往企业主要是通过市场调研和主观经验寻找目标客户、明确客户需求，然而在瞬息万变的互联网商业市场中，通过调研问卷获取的信息和分析结果常常是延迟、不准确的，从而导致企业管理者错判市场需求和发展态势。

大数据则为企业实现精准的市场预测提供了解决方案。应用大数据，企业可以及时全面获取市场需求与变化的信息，通过大数据分析精准定位客户行为与需求，据此准确预测产品进入市场后各个阶段的情况，从而为制定库存、运输等物流业务运作方案提供有力依据。

◆ **物流中心的选址**

物流中心选址对物流企业发展有着重要影响，需要物流企业综合考虑自身经营特点、产品特质和交通状况，选择业务运作成本最小的位置。大数据中的分类树法能够帮助物流企业有效解决物流中心的选址问题。

◆ 优化配送线路

配送线路直接影响着物流企业的配送效率和配送成本。大数据则能帮助物流企业实时获取分析配送过程中的信息，实现物流配送过程的智能化、可视化动态管理，从而及时调整优化配送线路，大幅提升企业配送效率，降低配送成本。

物流企业可以利用大数据分析商品特性和规格、客户的个性化需求等内容，综合考虑影响配送计划的各种因素，据此制定最佳的配送线路。同时，大数据应用还能使物流企业实时获取配送过程产生的大量数据，并通过数据分析了解配送线路上的交通状况，从而及时调整优化配送线路，提前预警和规避交通拥堵和事故多发路段。

◆ 仓库储位优化

合理的商品储存位置有助于提高仓库利用率和搬运分拣效率，特别是对于商品数量众多、出货频率较快的物流中心来说，仓库储位优化意味着工作效率和效益的提升。对此，物流企业可以利用大数据的关联模式法分析商品数据间的相互关系，明确哪些货物放在一起可以提高分拣效率、哪些货物放在仓库中的时间较短等，从而合理安排商品在仓库中的储存位置。

沃尔玛的数据挖掘技术应用

数据是企业的战略性资产，企业要想经营成功，就要实现数据价值的充分挖掘，减少资源浪费。在现代物流管理方面，沃尔玛十分擅长运用数据挖掘技术提供整体的运营效率。沃尔玛建立了完善的物流配送体系，将信息系统、运输系统、配送系统、供应商伙伴关系系统都包含在内。

利用该系统，沃尔玛能够在48小时内完成所有连锁店的货品配送任务，在一周之内进行两次补货，而大多数零售企业都只能做到两周补一次货，无法与沃尔玛抗衡。另外，运用计算机追踪系统与信息传递系统，沃尔玛能够在全国各个地区进行货物配送，保持各地分店的正常运营，而不会因存货量不足出现货品短缺的现象。

如此一来，沃尔玛的分店就能减少在存货环节的资金消耗。依托先进的数据挖掘技术，沃尔玛能够加速企业物流系统的运转。调查结果显示，集团内部有1200人负责物流信息系统的运营工作，不仅如此，沃尔玛还为其提供了足够的资金支持。

沃尔玛运用先进的数据挖掘技术结合数据仓库，决定商品的市场分组，目的是将那些能够促使顾客进行连带购买的商品放在一起。集团的数据仓库存储着每个商场过往一年时间里的交易数据。

沃尔玛借助先进的数据挖掘技术，对数据仓库中存储的交易数据进行了深度处理。通过应用数据仓库，沃尔玛能够有效提高其数据分析能力，并实施高效的客户关系管理，对其经营范围内利润空间最大的商品品类进行准确定位。

通过进行数据挖掘，沃尔玛能够提取海量数据中蕴藏的商业价值，运用先进的数据采集技术，对企业传统的订货模式进行改革，打破传统思维的束缚，根据精准的数据分析结果，找出适合商场的商品搭配与订货数量，并据此选择最佳的商品陈列方式，合理设定商品价格。

迄今为止，数据挖掘在市场营销、生物工程、金融服务等行业中的应用已经取得了显著成就。数据挖掘技术的应用能够对企业发展起到推动作用，随着其价值的显露，越来越多的投资者会聚焦到这个领域。未来，企业将打造完整的物流管理信息系统，并采用先进的电子数据交换技术、人工智能技术、网络技术、扫描技术等等，实现物流信息获取、数据存储、数据分析与处理等各个环节的信息化与智能化，充分利用数据挖掘技术推动企业的发展。

在网络信息时代下，企业要想提高物流信息管理的效率，就要采用先进的数据挖掘技术，从海量数据信息中寻找事物的发展规律和趋势，将数据转化为知识，并为企业的经营与发展提供指导与参考，激发消费者的购物需求，减少企业承担的市场交易风险。在数据挖掘技术应用的基础上，企业能够了解并把握市场变化情况，从而制定科学、合理的决策。

随着物流管理技术的高速发展，其应用范围也将延伸到多个领域，加速社会物资供给的运转，并逐步在世界各个国家蔓延开来，届时，"全球物流"将逐步代替"商务物流"，得到广泛的认可。

12　大数据时代物流企业的转型之路

大数据给物流企业带来的机遇

如今，世界各国都对大数据技术保持高度关注，美国、日本、德国等发达国家纷纷为推进大数据的研究及应用出台了国家级战略，我国"十三五"规划中明确指出，实施国家大数据战略，推进数据资源开放共享。和传统数据库应用相比，大数据在数据规模、处理效率及精准性等方面具有明显优势，能够为决策提供有力支持，但在数据收集能力、数据处理模型及算法构建等方面提出了更高的要求。

大数据在经济、政治、文化、军事、生活等诸多方面已经得到了一定程度的应用，其具有的巨大潜在价值也在被逐步发掘。具体到物流业，我国物流企业以中小物流企业为主，效率低下、成本高企、服务质量不佳等痛点成为限制物流业发展的重要阻碍。而大数据技术及分析方法在物流业的应用，将推动物流业转型升级，为我国完成从物流大国向物流强国的转变提供强大推力。

和几年前淘宝、天猫、京东等电商平台为"双十一""双十二"等电商促销节的爆仓而担忧相比，近两年，虽然这些促销节交易量仍在刷新纪录，但物流运作体系相当稳定，用户体验得到了有效改善。之所以出现这种情况，和电商平台及物流服务商应用大数据技术精准预测用户需求存在密切关联。

以服务于阿里系电商平台的菜鸟物流为例，其充分利用电商的销售数据，物流公司的快递数据，用户的购物车、评论数据等，为合作伙伴提供数据支持，帮助卖家更好地优化库存，帮助物流公司合理配置运力资源，提高运营效率及用户体验，大幅度降低运营成本。

大数据技术使企业可以通过对现有数据资源进行深入分析及发掘，来制定长期有效的发展规划，从而在激烈的市场竞争中取得领先优势。随着物流企业对大数据应用愈发重视，未来物流大数据将不再简单地局限于物流业内部数据，还将涵盖丰富多元的物流业外部数据。物流企业通过对海量多源数据的深入分析，可以针对客户的个性化需求，为之提供完善的一体化物流服务解决方案。具体来说，大数据给物流企业带来的机遇主要体现在以下几个方面，如图12-1所示。

- 帮助物流企业了解行业发展动态
- 帮助物流企业增强客户的忠诚度
- 提高物流管理的透明度和服务质量
- 优化物流企业盈利方式

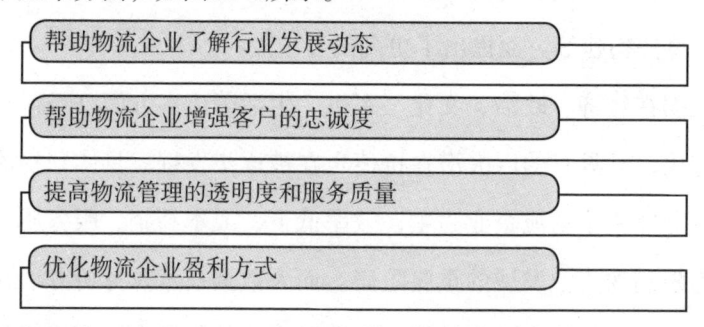

图12-1　大数据给物流企业带来的机遇

◆**帮助物流企业了解行业发展动态**

物流行业门槛较低，同质竞争与价格战问题尤为突出，较高的空载率使物流成本显著提升，而企业通过进行大数据分析实时了解行业发展动态，快速获取物流需求信息，将有效解决这些问题。比如：通过对行业数据进行分析，找到未来市场发展规律、了解竞争对手的布局重点，从而对自身的战略规划进行有效调整，降低经营风险。

◆**帮助物流企业增强客户的忠诚度**

对客户需求进行深入分析，可以让企业优化资源配置，调整营销计划、库存计划、销售计划等，从而实现价值最大化。对用户历史数据进行分析建立需求预测模型，尤其需要物流企业给予高度重视，这能让物流企业制定出更为科学合理的物流服务解决方案，为客户带来极致服务体验，从而提高客户忠诚度，为自身积累一批忠实"粉丝"。

通过大数据分析，物流企业不但可以充分发掘现有客户的商业价值，还能吸引更多新用户。大数据的发展及应用，给市场营销带来了颠覆性变革，通过分析用户当前所处场景，可以为之提供迎合其场景需求的营销信息，从而满足用户动态变化的消费需求。

◆**提高物流管理的透明度和服务质量**

应用大数据，对信息共享有较高的要求，企业需要加强自身的信息化建设，消除组织内部及外部的沟通壁垒。而信息的实时高度共享，将显著提升物流行业管理透明度及服务质量。比如，通过物流企业设置的操作和绩效数据集，可以建立可视化的流程图及管理仪表盘，使物流信息更趋透明。

UPS、FedEX等国际物流巨头都在积极将管理仪表盘应用到自身的发展及建设之中，这不但能够使其自身更趋透明、开放、协作，而且其发布的质量及绩效数据还能为客户实现科学合理决策提供有力支持，从而提高客户满意度，为自身构建强大的外部竞争力。

◆ **优化物流企业盈利方式**

目前，市场上出现了一些专业的物流行业网络平台，平台整合了海量的物流行业数据及客户消费数据，可以帮助企业进行需求分析及预测，使物流企业更为高效地配置运力资源，开发出更多满足用户潜在需求的产品及服务，从而为企业创造新的利润增长点，实现利益最大化。当然，用户需求处于动态变化之中，要想做到对用户需求的精准把控，需要确保平台数据的实时更新。

"大数据+物流"的模式创新

在激烈变革的移动互联网时代，把握大数据在物流行业的发展及应用所带来的重大发展机遇，通过大数据分析充分发掘海量离散数据背后的联系与规律，推进服务模式创新，将成为物流企业自身转型升级，实现长期稳定增长的必然选择。总结而言，"大数据+物流"的模式创新主要体现在以下几个方面，如图12-2所示。

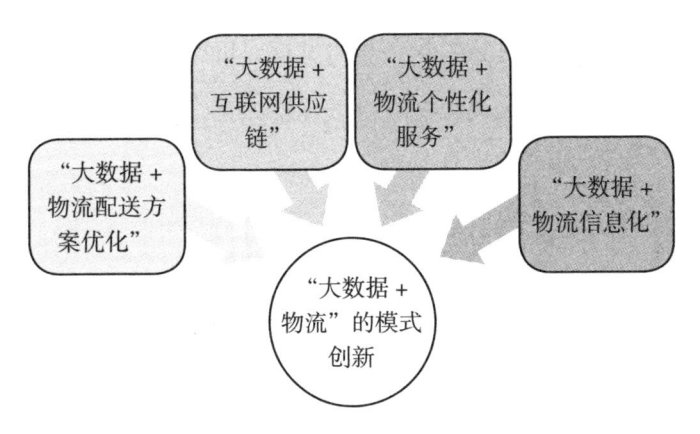

图12-2 "大数据+物流"的模式创新

◆ **"大数据+物流配送方案优化"**

大数据涉及相当多的高科技，比如大数据存储、检索、分析、管理等诸多技术。这些技术的应用将会给物流行业的诸多环节带来重大变革。长期来看，在信息采集方面的识别、感知、定位等技术，在信息传输方面的物联网、车联网等技术，数据开发及应用方面的智能算法等技术方面，将会催生出丰富多元的数据中心。

通过在物流各个环节中应用大数据技术，可以让企业更为科学地进行组织管理，制定出完善的物流配送方案，合理配置运力资源，优化配送路线，并对物流全流程进行实时监测，及时发现物流运输中的问题，充分满足用户的个性化需求。

◆ **"大数据+互联网供应链"**

互联网时代的物流业内涵更为丰富，玩法更为多样，已经升级为一个跨区域、跨部门、跨行业、跨领域的复合型产业。应用大数据技术，可以对物流供应链业务及管理流程进行改造升级，完善客户体验。大数据时代的物流业涌现出了很多新兴业态，但这些新兴业态始终是基于物流网络与流程两个关键点。通过进行数据分析与发掘，可以帮助企业打造更为完善的物流配送网络，对物流流程进行持续优化完善，有效强化企业的供应链管理能力。

◆ "大数据+物流个性化服务"

近两年，大数据在提高企业服务能力，充分满足用户个性化需求方面的价值也得到了充分体现。通过大数据分析，物流企业可以针对多元化、个性化的目标受众，定制开发产品及服务，从而满足动态变化的消费需求。大数据时代，数据将成为企业需要重点争夺的战略资源。

未来物流企业需要建立物流数据平台，搜集海量多源物流数据，并对其进行深入分析，找到有较高价值的客户信息，同时，将这些信息提供给供应商、渠道商、零售商等合作伙伴，提高整个供应链的灵活性、协同性，针对市场环境及用户需求变化快速制定行之有效的应对策略，为消费者创造更多价值的同时，使供应链各节点企业能够源源不断地获取较高的利润回报，实现多方合作共赢。

◆ "大数据+物流信息化"

物流信息化在降低人力成本、提高物流作业效率、减少人为失误造成的问题方面，具有明显优势。实施物流信息化，将极大地提高企业的资源整合能力，实现物流作业的自动化、数字化、智能化及智慧化，提高客户响应速度，降低人力成本。

现阶段，我国物流业发展水平相对滞后，传统物流企业的转型之路走得举步维艰，虽然电商产业的迅猛发展给物流业带来广阔的市场机遇，但物流企业更加关注的是规模和速度，忽略了效率与质量。未来，我国需要加快"互联网+物流"模式的落地进程，推进大数据技术与分析方法在物流业的发展及应用，支持鼓励物流企业对技术、商业模式、管理理念等进行创新。

相关职能部门及行业协会应该设立物流数据管理机构，为企业发掘物流大数据价值建立完善的体制机制，引导物流企业开展良性竞争，保障用户数据安全，确保我国物流业的长期稳定健康发展。

大数据时代的供应链管理变革

大数据时代下，传统基于订单、发货等事务性数据优化供应链物流服务的方法已越来越无力应对快速变化的市场环境和物流服务需求，也不能适应供应链管理的新要求。由此，将大数据概念引入供应链物流服务，借助日益发展成熟的大数据技术重构供应链管理模式，从而利用新的数据形式有效应对市场的新要求和挑战，优化提升供应链物流服务水平，就受到了越来越多物流企业的重视，也是大数据时代供应链物流服务发展转型的必然要求。

具体来看，大数据推动下的物流供应链管理变革主要体现在以下方面，如图12-3。

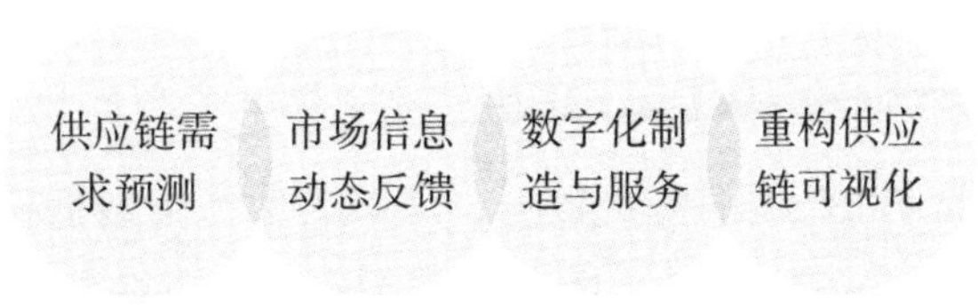

供应链需求预测　市场信息动态反馈　数字化制造与服务　重构供应链可视化

图12-3　大数据时代的供应链管理变革

◆ **供应链需求预测**

传统物流供应链大多只是根据平均值和简单的"if-then-else"逻辑对外部市场做出响应，灵活性不高，难以对瞬息万变的市场和需求做出及时回应。与此不同，大数据技术在供应链管理中的应用则有助于建立文本挖掘、基于准则的本体等新型预测性分析方法，进而通过学习系统实现"多if到多then"。

这种有机结合识别、优化与学习系统的新型供应链管理模式能够帮助企业精准预测供应链的运作状态，从而提前做出有效应对，大幅增强供应链系统的灵活性。比如，企业对供应链进行风险管理时，可以通过大数据技术预判供应链运行中可能存在的各种风险，从而提前规避风险或者制定有效的问题解决方案。

◆ **市场信息动态反馈**

在以消费者为中心的互联网商业时代，供应链的管理运行只有紧密围绕消费者展开，才能获得预期成效，而这就要求企业能够及时、准确、全面获取市场与用户反馈信息。大数据技术则提供了有效的问题解决方案，企业可以通过评级与评审、博客评论、社交媒体反馈等多种形式了解客户并及时获取市场反馈信息。

社交媒体、移动装置、电子商务与数字化设备的有机结合，为企业重构供应链渠道提供了新的机会。移动、社交和电子商务数据与POS数据等的结合，能够带来PB[1]级的海量数据，从而为依托大数据技术的供应链管理奠定基础。从零售角度看，这即是全渠道；从消费品行业来看，则可称

---

[1] PB指数据存储容量的单位，1PB大约等于1000个TB。

为数字化采购途径。

◆ **数字化制造与服务**

设备传感器和可编程控制器等数字化水平的不断提升，有力推动了传统加工制造模式的转型升级，以往基于事件的生产规划逐渐转变为根据物联网实时感应进行生产安排，即生产排程、维修计划等供应链管理工作将根据设备的实际运作状态而非平均故障时间展开。

另一方面，基于移动性和重装备的数字输入，服务业也加快向数字化转型升级，如飞机、轮船、车辆等定期向后台控制系统远程发送信号，从而使控制台可以制定更合理的服务与零部件更换计划。

大数据时代下，物联网、数字化等先进技术的不断发展成熟和广泛应用，推动了传统制造与服务模式的数字化转型升级，相关的供应链管理和运行也随之变革重构。

◆ **重构供应链可视化**

地理位置信息、数据图示化和可视化呈现、感应传输（如在货物、托盘、车厢中嵌入传感器）等的有机结合，推动了供应链可视化从来自实际位置信息提供的接近实时数据向实时数据转型。

对需求与供给变化进行实时感应，有助于大幅增强供应链的灵活性，缩短供应链的市场响应时间，提高配送产品的安全性。以温度控制的供应链管理为例，通过应用RFID传感器，数据采集的规模和速度都大幅提升，然后再结合最新的模式识别技术等更多可视化手段，便可实现对供应链系统中货物温度的实时感应和把控。因此，大数据技术正越来越多地被应用到冷链管理中。

第四部分　数据智能篇

基于大数据的第三方物流模式

为满足货主企业在数据管理服务方面的诉求，有效应对大数据时代对第三方物流服务全新的角色要求，越来越多的物流企业开始主动拥抱、应用大数据技术，不断探索创新供应链物流服务模式。实时服务、众物流、超级网络物流等供应链物流服务新模式不断涌现。

◆ **实时供应链服务**

实时服务具有高度的灵活性，能够对瞬息万变的商业环境和市场要求进行灵活高效的应对，并将获取到的实时信息整合到智能和交互分析框架，为供应链物流服务优化提供有力依据。实时服务采集获取的数据是以秒为周期的，对这些数据的分析整合有助于指引供应链的运作活动，帮助第三方物流企业完成实时追踪、实时库存管理等各种实时服务，具体如表12-1所示。

表12-1　实时供应链服务

实时服务	具体内容
实时追踪服务	随时随地向货主企业或其他相关方传送货物的位置、状况（温度、湿度等）和完整性（如带有灵活接入授权的电子铅封）等事件信息
实时风险管理	当商品在运输过程中出现状况或完整性发生变化时，向货主企业提供实时信息，以便于后者针对供应链中出现的风险做出有效应对，如温度控制、电子铅封甚至产品召回等
实时动态路径选择服务	这一服务可帮助企业随时精准定位配送车辆的活动和位置，使配送路径方案从之前预先计划的循环取货变为根据货车动态位置和配送需求灵活确定取送货方案
实时库存服务	利用相关数字化管理软件实现不同渠道库存的可视化和整合协同，进而通过库存的可视化管理打破不同渠道间的库存"孤岛"现象，实现全渠道运行
实时追踪智能物流目标	提供控制和运作全部物流系统服务，帮助企业制定融入视频、3D扫描、RFID、传感器等各种先进技术的供应链物流服务解决方案

对第三方物流服务商而言,实时服务通过对实时数据的快速高效分析处理,有助于提高供应链物流服务的效率和质量,并在此过程中拓展出更多增值服务和附加价值;同时通过提升供应链的可视化水平,大幅增强货品配送的安全性,有效控制和减少资产占有、货物丢失等风险。

从货主企业的角度来看,实时服务有助于其随时随地获取货物的位置与物流动态信息,从而提高整个供应链系统的透明度和灵活性,并为"最后一公里"的配送选择等个性化服务提供有效解决方案。

◆ **众物流**

众物流模式是日益发展成熟的社交媒体网络为物流服务带来的全新发展想象空间,并对物流服务的成本、灵活性、碳排放等提出了更高要求。简单来看,共享经济的迅猛崛起、物物交换和私人商品推销文化的兴起,催生了越来越多地域性乃至全国性层面的消费者之间的交易活动,这就需要物流服务企业能够灵活地将最初与"最后一公里"服务合理融入消费者的日常生活之中,从而为上述交易活动提供供应链物流服务支撑。

众物流模式的特点主要表现在以下几个方面,如表12-2所示。

表12-2 众物流模式的特点

模式特点	具体内容
众包	在当前的供应链物流配送中,有很大一部分可用运力(轨道、公路、私人汽车)尚未被充分有效地利用起来。因此,让客户参与到取送货环节,不仅有助于降低物流运输成本,还能够通过对运量的优化配置与整合,大量减少碳排放
众导航	借助微博、微信等信息实时共享与沟通的社交网络,大幅提升对道路事故、交通堵塞或其他突发风险事件的响应速度
众挖掘	主要是对各类社交网络平台中与公司、品牌和产品相关的评论进行采集、整理和挖掘分析,以快速全面获取用户投诉或反馈,倾听消费者心声并及时做出合理有效的响应。此外,还可以借助社交媒体的病毒式传播特点,进行优惠折扣、季节性促销、特别服务更新等众多信息的发布和扩散

众物流创新模式能够提升物流服务商的网络化水平，整合利用远超自身体量的更多资源，降低物流配送成本；从客户角度来看，众物流模式大幅降低了运输成本，有助于实现更加灵活的物流服务选择，从而为物物交换提供更有力的支持。不过需要注意的是，采取众物流模式必须充分考虑到客户介入取货与配送流程的法律和服务的一致性问题。

◆ **超级网络物流**

超级网络物流是指依托模块化、灵活性、可配置的物流服务，实现生产企业和物流服务提供商的精准高效连接协同，基于面向服务的物流这一概念构建全球供应链网络，从而催生新一代物流公司，并对传统供应链物流服务市场带来诸多变革，具体体现在以下几个方面：

（1）驱动新的市场细分

物流市场将涌现出服务专家、用户、配置商、复杂物流解决方案协同商、服务商城业主等更多垂直细分领域。其中，致力于全球性布局的物流服务商将通过深耕跨境整合、额外付费服务、协同区域与本地服务提供商等诸多方面，积极打造全球超级网络物流；物流商城则主要致力于提升市场透明度，吸引并推动本地小型企业进入国际市场。

（2）带来更多高效的额外付费服务

随着风险管理与安全、报关与一致性等服务的开发成本与复杂性不断增加，这类服务将逐渐成为少数专家的领域；与此同时，电子账单支付、电子一致性、电子报关等额外付费的电子服务，将成为新的市场差分要素。

（3）拓展企业的价值想象空间

超级网络物流服务，不仅以客户为服务对象，合作伙伴乃至竞争对手同样也可以成为服务出售目标。同时，物流服务范围也将拓展到基础设施开发、支撑能力和资源协同共享等更多领域，以实现运行通畅、成本降低、资源能源节约和可持续发展等目标；此外，对铁路、桥梁等交通运输基础设施的投入，也对整体经济发展有着很大裨益。

构建超级网络物流联盟离不开大数据技术的有力支撑，需要利用大数据技术实现对不同来源并分散在全球的地理位置数据、日常事务数据、社交性数据等各类数据的实时获取与整合分析，如此才能为供应链物流服务的实时业务流程与事件管理提供有效支持。

第五部分
智慧仓储篇

13　智慧仓储：从机械化到自动化

变革1：高柔性自动化

工业4.0时代，市场不断向产品定制和个性化服务方向发展，这也要求现代物流系统做出相应的改变。对物流企业来说，仓储物流系统是物流运营的核心系统之一，它有三大指标备受企业关注，分别是作业效率、服务质量和运营成本。

物流企业若能建立一个高效的仓储物流系统，不仅能加快物资流速、降低物流成本，还能保障企业的顺利生产以及对资源的有效控制和管理。

现代仓库管理与传统仓库管理不同。随着经济全球化、供应链一体化的发展，现代仓储要能满足供应链上下游的需求，并能在特定场所运用现代技术有效计划执行和控制物品进出、库存、分拣、包装、配送等物流活动。物流企业想要建立先进、合理的仓储物流系统，就需要依靠强大的仓储物流技术。

第五部分 智慧仓储篇

随着工业的进步，仓储物流技术也有了较大的发展，原来的仓储物流主要是由人工将快件堆放至平面仓库，而现在的仓储物流正在向着自动化刚性立体库、高柔性自动立体库方向发展。

在叉车没有被发明出来之前，仓储物流运作主要依靠手工作业。1917年，首台叉车问世，仓储系统步入机械化立体库时代。在这一时代，库房空间利用率得到大大提升，并变得越来越柔性。

1962年，人们利用堆垛机技术发明了世界首座自动化立体库。在此后的半个多世纪，这项技术都处于高速发展阶段。自动化立体库具有高效、高空间利用率、无人操作等优势，凭借这些优势，它逐渐成为各个行业推崇的最佳仓储解决方案。

然而，传统自动化立体库也存在短板，即它的刚性非常高，无法提供灵活多变的物流服务。这一短板也使得第三方物流服务公司很少采用这项自动化仓储技术。实际上，人们在很早以前就开始研发高柔性仓储解决方案了。1980年，德国启动了高柔性自动化"卫星车"（子母车）项目，但是这一项目受到控制技术和算法的限制，经过针对效率和柔性的多年博弈，最终仍未达到媲美传统自动化立体库的水平。

2003年，人类成功研发穿梭车技术，世界首台穿梭车面世。这一技术的问世将仓储物流技术真正带入到了高柔性自动化时代。自动化刚性立体库的一个巷道内只能有一台堆垛机作业，而穿梭车可以打破这一限制，实现同一巷道内多台穿梭车分层作业，这为自动化仓储提供了柔性解决方案。

随着穿梭车技术的发展，人们又发明了更高级的四向穿梭车（4-direction shuttle）。四向穿梭车可以自动完成"前后左右"四个方向的运行，由于其配备了两套轮系，因此可以分别在X方向和Y方向运动。

这就意味着它不仅能在巷道内进出，还能在同一层的不同巷道切换。不仅如此，四向穿梭车还能与换层提升机配合完成在垂直方向（Z方向）的运动，这意味着四向穿梭车借助换层提升机可实现在立体三维空间内任意货位的存储和拣选。

四向穿梭车系统具备高柔性、自动化等特点。一方面，四向穿梭车系统能根据需要灵活变更作业巷道、货架层面，另一方面也能按照作业量增加或减少穿梭车的数量；另外，还能在穿梭车出现故障时，及时用正常车辆替换故障车辆，继续完成作业，这一能力极大地弥补了传统堆垛机因故障导致整个巷道作业停滞的短板。

四向穿梭车系统可完成存储与拣选两种工作，它不仅适用于低流量、高密度的存储业务，同时也适用于高流量、高密度的拣选业务。另外，它还能通过增加或减少穿梭车、提升机等设备的数量来调节系统作业能力。

2010年，德国弗劳恩霍夫物流研究院研发出世界首辆"魔浮"穿梭车（Multishuttle Move），这是一种可在地面和货架上灵活自主行驶的多功能智能搬运机器人。

"魔浮"穿梭车能使仓储物流系统与生产系统实现联通，将仓储与生产无缝对接起来。传统穿梭车和四向穿梭车只能在仓库的货架上作业，无法在地面上运行，需要经过中间环节才能完成生产线的物料配送。"魔浮"穿梭车与AGV小车相似，可以自主走出货架把仓库中的原材料送到产线，或者将成品从产线送到仓库的货架上。这种作业形式是打造高柔性自动化仓储物流技术的基础。

物流系统面临着低成本、个性化定制带来的巨大挑战，而应对这一挑战的最佳解决方案正是高柔性自动化仓储物流技术。

变革2：高密度化存储

随着城市化进程的加快，土地资源越来越稀缺。仓储物流用地是工业、商业和社会不可或缺的重要资源，这种土地资源同样处于紧缺状态。因此，未来的仓储物流技术将向着高密度方向发展。

高密度仓储物流技术的解决方案通常有两个：一是提升货架高度，目前的物流货架正在向着越来越高的方向发展，有些货架的高度甚至超过40米，这种做法可以充分利用仓库的占地面积，而这种仓储系统的入库作业通常需要依赖超高堆垛机来完成；二是减少巷道的数量，将货物高密度存放于水平和垂直方向，这种三维密集型货架系统无法实现每件货物的直接出库作业，其出入库方式比较特殊，需要进行计算设计。

下面是几种常见的三维密集型货架系统和出入库方式，如图13-1所示。

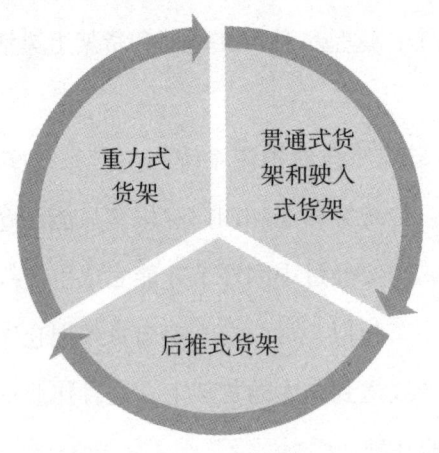

图13-1 三维密集型货架系统和出入库方式

◆ 贯通式货架和驶入式货架

仓储采用贯通式货架和驶入式货架，可以方便叉车的出入，不仅能减少叉车所需通道，还能尽可能多地放置货架，这样可以极大地提高空间利用率和仓库存储能力。

贯通式货架配备了双向通道，其存储策略是先进先出（First-In First-Out，FIFO）；驶入式货架只配备了单边通道，其存储策略是后进先出（Last-In First-Out，LIFO）。

◆ 后推式货架

后推式货架通常与载货小车搭配使用。载货小车可将托盘货物依次后推入货架，在取走第一个货位上的货品后，后一个货位上的货品会自动进行补充。叉车不必驶入这类货架的存储巷道，因此其作业效率较高，主要采用LIFO存储策略。

◆ 重力式货架

重力式货架的货物存取主要利用了重力原理。重力式货架的存储巷道内安装有无动力滚筒，货品放置与水平面呈向下倾斜角度，货物可以依靠自重自动由高到低滑动到出货端，一旦取走第一个货位上的货物，后一个货位上的货物就会自动进行补充，主要采用FIFO存储策略。

（1）托盘穿梭板存储系统

该系统与贯通式货架、驶入式货架存在较大区别，叉车在通道上作业，与托盘穿梭板协同，不需要进入货架巷道作业。这种工作机制可降低叉车与货架的撞击事故率，同时也可以通过增加巷道长度进一步提高仓储密度。

（2）垂直和水平旋转自动货柜

垂直自动货柜比水平旋转自动货柜的应用更加广泛。垂直自动货柜又分为两种：一是垂直旋转自动货柜；二是垂直升降自动货柜。垂直自动货柜可用于小型零部件的高密度存储，适合符合人体工程学的入库、拣选等作业。垂直自动货柜能充分利用仓库的空间，在最小的占地面积上实现仓储能力的最大化。与传统固定货架相比，垂直自动货柜可以在提供相同仓储能力的同时，节约75%的占地面积。

（3）AutoStore系统

AutoStore是一种新型的高密度仓储技术系统，它可以灵活使用场地，不仅能实现自动化存取，还能实现"货到人"拆零拣选。若仓储使用垂直码垛方式，那么其往往会采用LIFO存储策略，这就需要通过优化算法减少机器人的倒货作业量，提高货物的出入库效率。

变革3：拣选作业无纸化

拣选是一种劳动密集型工作，属于仓储物流中的核心环节，一些电商物流中心的拣选作业成本甚至能占到仓储总成本的一半以上。常见的拣选方式是"人到货"（PTG）拣选，这也是比较传统的拣选方式之一。电商物流中心的产品种类众多，而"人到货"拣选是这种环境中重要的拣选作业组成部分，可以保障客户订单的正常履行。

近年来，人们不断创新拣选方式与技术，以便进一步提高拣选效率和降低仓储成本，这也使得拣选工作持续向着动态化、无纸化和自动化方向发展。

目前，常用的无纸化拣选技术方式及其特点如表13-1所示。

表13-1　无纸化拣选技术方式及其特点

	手持扫描系统	语音拣选系统	电子标签拣选系统	增强视觉拣选系统
优点	系统柔性强 设备投资低	系统柔性强 便于双手取件作业 适合大物件品拣选	显示直观可靠 拣选效率高 适合高频次拣选	系统柔性强 适合高频次拣选 便于双手取件作业
缺点	双手取货受限 拣选效率较低	受地方口音影响 不适合高频次拣选	投资较高 布置难度与灵活性差	视觉疲劳问题 成熟度和供应商选择

◆ **手持扫描系统**

手持扫描系统在物流领域的应用比较广泛，不管在货品出入库还是拣选作业方面都有使用，它也是实现物流作业无纸化、信息实时化的关键技术之一。

◆ **语音拣选系统**

工作人员在拣选大件物品时需要利用双手拣选货物，这就会影响手持扫描器的使用，这个时候，就需要利用语音拣选系统辅助拣选，从而解决双手作业的问题。仓库工作人员可以利用语音识别与合成技术直接和仓库管理系统对话交流，在这个过程中，工作人员不需要借助PDA手持扫描器的帮助，只需要按照语音指令提示，就能直接找到指定区域库位进行货物拣选，同时能够通过语音对货物进行最终确认。另外，仓库管理系统还可以识别工作人员的语音，并对语音数据进行相应的分析和处理。

语音拣选系统可以大大提高拣选效率，这是因为它能将多个订单放在一起进行批量处理。例如，工作人员可以利用语音拣选系统在商品周转慢的仓库区域将多个订单批量拣选到小车内，这样做不仅能提高作业效率，还能降低仓库运营成本。

◆ 电子标签拣选系统

电子标签拣选系统的应用也非常广泛。该系统的拣选原理是利用电子数字显示牌和指示灯来显示拣选信息,从而帮助工作人员顺利完成拣选作业。正常情况下,电子标签拣选系统会在订单驱动下点亮所需拣选商品货位上的电子标签,工作人员只需根据指示灯提示就能准确走到货位拣取准确数量的商品。与此同时,工作人员还会将拣选信息实时反馈给拣选系统。这种拣选方式不仅方便、高效,更重要的是能够确保商品拣选得准确无误。

电子标签拣选系统通常可以装配在固定货架和拣选小车上,当然,有时也可以将这一系统装配在车载平板电脑和扫描枪上。在运行过程中,该系统可引导工作人员一次性拣选多个订单。每次拣选时,工作人员都能在系统提示下正确选择货架上的货物,然后放在拣选车中的指定容器里。灯光拣选车还可以搭配扬声器系统共同辅助拣选工作,利用灯光和语音一起引导工作人员拣货。

◆ 增强视觉拣选系统

增强视觉拣选系统能够与仓库管理系统进行实时无缝交互,其工作主要依赖系统配备的智能数据眼镜和相关控制软件。增强视觉拣选系统会提前制定好拣选列表和行走路径,并将整个拣选策略及信息实时传送到智能数据眼镜上,工作人员只需佩戴好智能数据眼镜就能根据其上的提示进行精准拣选作业。当工作人员根据订单完成一个拣选任务后,增强视觉拣选系统会对拣选信息进行确认,并自动更新拣选列表。

仓储物流技术一直在发展进步,除了"人到货"拣选系统外,人们又发明了"货到人"(GTP)拣选系统,并使其获得了广泛的应用。

"货到人"拣选系统原本是应用于产线原材料供应的系统，主要任务是完成产业原材料的拣选作业，其最开始是与传统自动立体库进行对接使用。该系统的运作过程是：堆垛机从立体仓取出装有货物的托盘或周转箱，然后转移到连续输送机上，由连续传输机将货物传送至拣选站，由操作工人拣选货物，最后再将货物存入自动立体库。

这种拣选方式可以达到"货动，人不动"的效果，从而大幅减少工作人员的行走距离。不仅如此，配合符合人体工程学设计的拣选站，这种拣选方式还能大幅降低工作人员的劳动强度和拣选错误率，实现高于传统"人到货"模式数倍的拣选效率。

目前，基于四向穿梭车的自动立体库在市场上获得了广泛应用，这大大提升了"货到人"拣选系统的效率和灵活性，物流立体库也开始向智能化方向发展。四向穿梭车的速度可超过4m/s，既能够快速补给拣选站，又能够迅速将周转箱运回系统。"货到人"拣选系统在四向穿梭车的助力下不仅适用于制造企业，还可广泛应用于电商物流中心、商超物流中心等。

近年来，电商物流领域出现了一种热门技术，即基于kiva机器人的"货到人"的拣选系统。

在无线通信系统支持下，kiva机器人可以随时随地接收指令，并通过扫描地面条码实现导航和定位，同时能够将货架从仓库搬运至拣选站，供拣选人员拣选货物。在这套系统的帮助下，拣选人员可以每小时拣选300件货品，准确率可达99.99%。该系统的效率是传统"人到货"拣选系统效率的3倍以上。

这套拣选系统可以进一步优化拣选和包装流程。电商物流中心的kiva机器人可以将货架直接运送到复核包装工作台，然后由复核打包作业人员一次性完成三项工作：拣选、二次分拣和打包复核。流程优化既能减少人员投入，又能减少内部物流作业量；不仅能大幅度提高电商物流中心的运行效率，同时也极大地降低了其总体运营成本。

　　大型物流中心还可以同时调用多台kiva机器人和多个拣选台来提高拣选效率。而要想实现这些设备的最优化匹配，就需要采用科学的规划方法，目前常用的规划方法有三种，分别是动态规划法、博弈算法、合同网法，另外，基于人工智能的规划方法也有良好的应用前景。

变革4：数字化和网络化

　　在工业4.0时代，推动物流数字化是企业实现数字化转型的重要抓手。物流是企业业务流程中的重要一环，而仓储物流系统又是物流的核心环节，因此，企业物流系统的数字化是企业数字化建设中的一大重点。

　　目前，仓储物流数字化建设中广泛应用的核心技术包括智能物流按钮、智能物流标签、智能周转箱技术、物联网技术等，如图13-2所示。

图中文字：智能物流按钮、智能物流标签、智能周转箱技术、物联网技术、仓储物流数字化建设

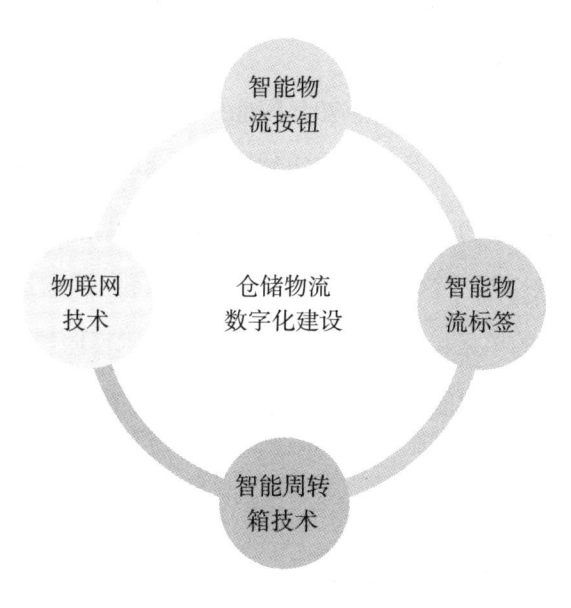

图13-2　仓储物流数字化建设的核心技术

◆ **智能物流按钮**

智能物流按钮是一种创新型技术，可以帮助仓储物流系统实现数字化、网络化转型，主要应用于货架、拣选小车等物流设备上。

例如，在拣选线作业中，只需按下用于补货的智能物流按钮，就能启动整个供应链流程：自动立体库接收到出库指令后，AGV小车会将货物从立体库自动配送至拣选线，然后仓库管理系统会将需求变动信息反馈到供应商物流系统，唤醒供应链上游企业的物流和生产。

◆ **智能物流标签**

智能物流标签比传统RFID标签具有更强的功能，该系统具有自主决策能力，不仅能实现传统RFID标签的基本功能，还能实现报警、控制物流流程等其他功能，主要应用于周转箱、托盘、集装箱等物流容器上。

◆ 智能周转箱技术

智能周转箱技术是一种将感知和智能控制单元安装在周转箱上，从而使物流单元实现智能化的技术。智能箱可以自动进行要货和补货，它不仅能自主管理箱内的货物，还能将智能箱的状态实时汇报给上级系统。

物流企业可以基于智能箱建立一个输送系统，该输送系统中的智能箱将不再是被动的单元，它们能通过分散控制技术反向给输送系统下达命令。而输送系统通过智能箱的反向指挥可以自动将箱子送达目的地。

◆ 物联网技术

物联网技术可以推动智能物流网络化的实现，同时也是打造数字化物流全流程的关键技术。利用Wi-Fi、蓝牙等技术构建的物联网存在一些明显的短板，如传输数据的准确率较低、耗电量较大等。而窄带物联网技术可以为物联网提供窄带射频，这种技术支持的物联网被称为低功率广域网，可以实现低功耗设备的蜂窝数据连接，具备低成本、低功耗、室内覆盖等特点。

窄带物联网可用于海量设备的连接，在该网络支持下，仓储物流系统可以获得更多数字化、网络化的创新应用。通过窄带物联网技术可以实现智能物流单元和装备之间的联通，支持智能单元和设备的决策，实现仓库内部的密集网状连接，不仅能提高仓储物流信息的交换效率，同时还能提高信息传输的准确率。

我国在5G技术研发方面处于世界领先地位。我国提出的5G无线空口技术方案是一种以3GPP新空口和窄带物联网技术为基础条件的方案。其中，3GPP新空口技术可以为增强型移动宽带和低时延高可靠两大场景提供技术支撑；窄带物联网技术能为大规模机器连接场景提供技术支撑。我国想要推动新基建项目落地，也需要加快推进窄带物联网建设。作为新基建项目的一部分，窄带物联网可以为我国企业在物流领域的数字化和网络化建设提供重要支持。

变革5：透明化和可预测性

数字化和网络化建设可促进仓储物流实现可视化管理，而仓储物流下一步的发展目标是实现全流程透明化和精准预测未来业务。

要实现物流全流程透明化，就需要充分了解物流系统正在发生什么和为什么发生这些事情，并能够根据这些信息数据建立系统的行为逻辑和行为规范，实现系统的定时优化和更新。这就意味着实现流程透明化的前提是采集和分析系统的实时数据，并建立系统的数字影像。流程透明化有利于系统和流程的优化，有利于提高物流的效率和质量，同时也有利于降低整个物流的成本。

完整、实时的仓储物流流程数据能够用于"流程挖掘"，即利用数字化挖掘流程优化的潜能。

通过对实际流程的展示、监控和优化可实现"流程挖掘"。这就需要从仓库管理系统等企业信息系统中实时提取数据信息，形成有用的知识，寻找相应规律。这就意味着要深度挖掘潜藏在流程和系统中的"内部信息"，比如什么主体，何时、何地、为什么发生等等。这些"内部信息"能够对业务流程的审核、分析和改进提供巨大的帮助。目前，市场上常用的"流程挖掘"软件工具包括Celonis、Hammacher Datentechnik以及Katana公司的专业软件。

数字孪生技术能利用传感器数据、物理模型数据和设备运行数据等生成3D仿真过程，是一种集合了多学科和多物理量的创新性系统技术。利用数字孪生技术可以实现仓储物流系统和设备在虚拟空间中的数字化表达，并能基于这个数字化物流系统预测实际系统中可能发生的状况，这个研究过程还需要增强现实和虚拟现实等技术的支撑。

利用数字孪生技术可以实现数据模型的双向互联，智能仓储物流系统的状态和参数可以通过赛博物理系统反馈到数字模型，各环节的数字模型能保持一致，对物理系统的状态和性能进行实时评估与监控。

物理系统能借助数字孪生模型快速实现仿真优化，且这种方式的优化成本较低，在这个过程中，需要通过改变系统控制策略和规则获得最优控制方案，在目的达成后，可以利用数字孪生技术的逆向反馈功能直接将最优控制方案（甚至包括PLC和机器人控制程序）植入到物理系统中。最优控制方案是否能适用于现实物理系统，一方面需要靠数字孪生模型的仿真、分析、数据挖掘等来保证，同时也需要人工智能技术的应用来保证。

在电子商务时代，仓储物流系统面临巨大挑战，特别是在资源配置方面的任务尤为艰巨，这主要是客户订单随机性较高、物流业务需求波动较大所致。因此，就需要利用数字化手段和新型预测方法对物流业务需求进行预测分析，从而助力仓储物流系统的建设和运营。目前，物流行业对业务需求预测方法的研究主要分为两类：一类是启发式预测方法；另一类是基于数据科学和大数据技术的预测方法。

仓储物流技术未来的发展目标是实现智能化。所谓智能化，就是在实现仓储物流系统数字化、透明化的基础上，赋予系统类似于生物与人那样的智慧，使其获得感知、分析、学习和决策等各种生物性能力，甚至利用

"深度学习"技术赋予系统自主思维、推理判断和自行解决复杂物流问题的能力。

近几年，德国弗劳恩霍夫物流研究院一直希望将生物"群智能"应用于物流领域，并对该课题进行了深入的研究。一直以来，人们对鸟群、鱼群、昆虫群等动物群体的行为非常感兴趣，并对其展开了长时间的研究，而生物"群智能"正是这些研究的重要课题。物流中心的"细胞式"搬运机器人协同作业是基于生物"群智能"的一种解决方案。物流中心控制系统需要实时控制数千个机器人进行协同作业，这不仅需要无时延通信技术的支持，同时也需要强大计算能力的支持。这种解决方案的风险在于一旦机器人群发生突发状况就可能使整个中心控制计算机陷入瘫痪。

14 智慧无人仓：新一代物流仓储技术

技术架构：硬件设备+软件系统

无人仓包含很多子系统，需要各参与方相互配合，推动物流系统逐步优化。随着自动化技术、机器人技术不断发展，大数据技术、运筹学相关算法、人工智能技术广泛应用，在需求、资本、技术等因素的作用下，我国无人仓技术实现了迅猛发展，相关应用逐步落地，赢来了广阔的市场发展空间。

过去，仓库的主要功能就是存储，"积于不涸之仓，藏于不竭之府"以应对危机。进入互联网时代以来，随着电子商务迅猛发展，仓库的功能越来越丰富，比如商品分拣、包装、加工、流通等。随着机器人、信息系统、自动化等技术全方位升级，仓储将变得更加专业化、流程化、精细化，仓储各环节应用的智能设备将越来越多，人力投入将越来越少。

无人仓的运作目标是仓库各个作业流程均实现无人化操作，包括商品入库、出库、拣选、存储等，为了做到这一点，无人仓必须可以对货物进行自主识别，对货物流动进行有效追踪，自主指挥设备执行生产任务等。

除此之外，无人仓运转还需要一个"智慧大脑"，也就是智能化的控制中心，对无线传感器收集到的数据进行分析，对未来的发展情况进行预测，开展自主决策，对智能设备的运转进行协调，根据任务执行反馈的信息对相关策略进行调整，对仓储作业形成闭环控制。具体来讲就是，无人仓要具备智能感知、自动控制、精准预测、实时分析、自主学习等功能。

具体来说，无人仓由硬件设备与软件系统两部分构成。

◆ 硬件设备

无人仓硬件指的是存储、包装、拣选、搬运等环节需要的各种自动化物流设备，比如以自动化立体库为代表的存储设备；输送线、AGV、穿梭车、类kiva机器人、无人叉车等搬运设备；机械臂、分拣机等拣选设备；自动称重复核机、自动包装机、自动贴标机等包装设备。无人仓需要具备的硬件设备如表14-1所示。

表14-1 无人仓的硬件设备

硬件设备	具体功能
搬运设备	搬运设备首选滚筒型、皮带型、倍速链、RGV等输送系统，为了满足柔性化作业需求，物流企业还引入了无人堆高车、无人叉车、类KIVA机器人、无人牵引小车等不同类型的AGV自动导引车
存储设备	存储设备以堆垛机、多层穿梭车、旋转货架、多向穿梭车、Auto Store等设备为主。近年来，随着AGV技术不断发展，一些AGV小车也具备了从货架上挑选货筐、货箱以及商品的能力，可以独立作业，不需要人工辅助
上架和拣选设备	上架和拣选设备主要是不同类型的机械臂，包括普通的多关节机器人、像蜘蛛一样多个机械臂并联的机器人等，它们可以通过抓夹式或者吸盘式的方法获取商品，对商品进行拆零上架和拣选
分拣设备	分拣设备主要包括滚轮、摆臂、滑块、交叉带以及其他可以实现分拣功能的设备或系统

续表

硬件设备	具体功能
其他辅助设备	其他辅助设备主要包括码垛机器人、自动折箱机、自动封箱机、自动装袋机、在线测量称重设备、在线扫描设备、自动贴标与贴面单机、RFID读取设备等

◆ 软件系统

无人仓软件指的是两大系统,即WCS与WMS。

(1) WCS

WCS(Warehouse Control System,仓库控制系统)接收WMS的指令,对仓库各类设备进行调度,完成相关操作。WCS需要与仓库各类设备对接,计算出最佳执行动作,比如,对仓库机器人的最短行驶路径进行计算,使各类设备动作流量保持均衡等,为仓库设备的高效运转提供强有力支撑。此外,WCS还要对现场设备的运行状态进行实时监控,一旦设备出现问题立即发出警示,提醒工作人员进行维修。

(2) WMS

WMS要对商品存储、拣选、调拨、包装等环节进行协调,以不同仓库节点的业务繁忙程度对各项业务的波次与执行顺序进行调整,向WCS发出动作指令,提升整个仓库的运行效率。除此之外,WMS要将货物出库、入库的信息流、数据流记录下来,精准定位货物位置,实时了解货物状态,保证各项库存数据准确无误。

除此之外,在无人仓"智慧大脑"的作用下,借助人工智能、运筹学相关算法、大数据等技术,可对数据流、作业流、控制流进行协调,为WMS、WCS决策提供有效支持,推动自动化设备有序运转,用智能化设备代替各项人工操作,比如抓取货物、搬运货物等。由此看来,无人仓的

"智慧大脑"不仅是数据中心，还是监控中心、控制中心、决策中心，可对物流运输的各个环节进行调配，使设备运行效率得以大幅提升，将各类设备的集群效应充分释放出来。

总而言之，无人仓通过对各类仓库业务进行整合，对硬件设备与软件系统进行个性化定制，使仓库作业实现了无人化。从理论上来讲，在无人仓环境下，仓库内的每项操作都能由设备完成，无需人为干预，只要将各个业务节点的设备串联在一起，就能形成一套高效的无人仓解决方案。

无人仓的应用领域与实践

近年来，人工智能技术迅猛发展，各类自动化物流设备实现了普及应用，人工智能机器人取代人的成本越来越低，各个行业对无人仓的需求越来越强烈。其中，对无人仓需求最强烈的行业主要表现出以下几大特点：

（1）劳动密集型行业，生产波动比较明显，如电商仓储物流。电商仓储物流对物流时效性提出了极高的要求，随着企业用工成本不断上涨，再加上临时工招用难度越来越大，使用智能设备代替人工可提升整体作业效率，使物流成本不断下降。

（2）劳动强度比较大，劳动环境恶劣，如港口物流、化工企业。这类企业通过引入无人技术可降低操作风险，使整个作业流程更加安全。

（3）物流用地成本较高，如位于城市中心地带的快消品批发中心。这类企业使用密集型自动存储技术，可使土地利用效率大幅提升，仓储成本不断下降。

（4）作业流程高度标准化，如烟草、汽配行业。标准化的产品可以更好地和标准化的仓储作业流程对接,使整个作业流程实现自动化。

(5)对精细化管理提出了较高的要求,如医药行业、精密仪器行业。这类企业可通过"硬件+软件"的严格管控,使库存管理变得更加精准。

在现有的各个行业中,无人仓落地最多的行业就是电商行业。首先,无人仓是电商行业的刚性需求,因为随着电商物流高速发展,在各项成本中,人工成本占比非常大,借助成熟的无人仓技术,这一成本可有效下降。其次,电商行业积极引入无人仓技术,对无人仓的发展给予了高度响应。电商行业本就对各种创新思维非常开放,一直以来都致力于引进各类新设备,鼓励技术创新。最后,对于各种无人仓技术来说,电商行业是最佳的实验场。如果电商行业高流量、多品类的复杂场景问题能有效解决,无人仓技术就能实现全面推广。

目前,电商行业已有多家企业在积极布局无人仓,尤其是2018年以来,无人仓建设速度越来越快,AGV机器人仓不断涌现。

心怡科技是我国著名的供应链企业,是一家见证了我国电商物流迅猛发展的第三方仓储服务企业,目前正致力于新一代无人仓建设,以期通过无人仓建设推行智能化发展战略,在技术的驱动下引领整个行业变革。目前,心怡科技已在天津、杭州、嘉兴、上海等地建设了智能自动化仓,这些仓库实现了自动化立体库、堆垛机、高速箱式输送线、高速分拣机、搬运机器人、AGV等智能设备的高度集成,使存储、搬运、拣选、分拣等环节均实现了自动化,使现场工作人员的数量大幅减少,作业效率显著提升。

比如,心怡科技在天津的智能自动化仓被命名为"未来一号"仓,包含可实现高密度存储的自动化立体库，可实现无人化存储，节省80%以上的人力。除此之外，该仓库还有500台机器人，可使商品拣选实现自动化，减少对商品拣选人员的需求，降低运营成本、管理成本，提高商品拣选效率，通过智能设备的增减来应对订单量的突变，真正实现柔性化拣选与出库。

无人仓的实现路径与未来前景

电子商务的快速发展催生了大量物流配送需求，这些需求呈现出规模大、碎片化的特点，给仓储管理带来了巨大的挑战。为了做好商品流通的中转站，提高仓储物流效率，仓储物流企业必须摒弃传统的仓储管理方式与运作模式，借助人工智能、机器人、5G等技术实现自动化转型与升级。

就目前的机器人技术来讲，无人仓储更适合用于整进整出的场景，存储标准化物件。因为这些物件不需要拆卸，可以直接搬运。如果要从不同的箱子里挑选订单上的商品，或者同时挑选多个订单上的商品，还是需要人工干预。据统计，人工驾驶叉车搬运物品的速度是AGV小车的3倍，工人拣选、拆包装的速度是机械手的2～3倍。也就是说，在目前的技术条件下，在物流搬运、拣选等环节，人工操作的效率要比机器操作的效率高很多。但无人仓是物流行业的发展趋势，随着自动化、机器人技术不断发展，无人仓将爆发出人工操作不可比拟的优势。

◆ **无人仓的实现路径**

从仓储作业环节来看，目前，无人仓的主要实现路径大约有以下几种：

（1）自动化存储

在无人仓中，卸货机械臂自动抓取货物，将货物放上运输线，之后，货物会自动抵达机械臂码垛位置，完成自动码垛。此后，系统会自动调用无人叉车，由堆垛机将自动码垛的货物运送到立体库。如果需要补货、拣货，系统会调动堆码机从立体库中调取货物，将货物送到出库位置，然后再由无人叉车将货物运送到拣选区域。

（2）类kiva机器人拣选

借助类kiva机器人方案，在补货、拣货过程中人员无需走动，机器人会将货物搬运到指定位置，工作人员只需在补货、拣货工作站前根据电子标签灯光显示屏完成指定动作即可，既节省人力，又能提高工作效率，降低出错率。具体来看，类kiva机器人方案可分为两种模式，一是订单到人模式，二是货物到人模式。

（3）输送线自动拣选

货物在投箱口自动粘贴条码标签，与输送线投放口对接，通过输送线将货物调送到拣选工作站，然后使用机器人进行无人化挑选，或者由工作人员根据电子标签灯光显示屏对货物进行拣选。

（4）自动复核包装分拨

经过拣选的订单箱会运送到自动包装台，以"重量+X光射线"的方式进行复核，复核成功自动封箱、贴面单，之后通过分拣机自动分送到相应通道。

◆ 无人仓的未来前景

各项数据均表明，在我国的GDP中，物流成本占比极高，各个物流环节的产能、运行效率都有大幅提升的空间，企业也好，个人也罢，都将长期要求物流行业不断提升服务水平。在提高效率、降低成本、节省人力方面，无人仓表现出了明显的优势，代表了仓储技术的一大发展方向，表示无人仓拥有广阔的发展前景。

当然，无人仓要想实现可持续发展，需要政府的支持与引导，需要相关技术不断升级。未来，无人仓发展将表现出以下几大趋势，值得关注。

（1）无人仓发展可以推动商业模式创新，激活资本市场、技术市场，推动新技术研发与应用，提高市场的细分程度。

（2）无人仓将从电商行业拓展到其他行业，原本机器人作业系统只应用在电商物流中心，负责处理海量订单，未来，机器人将在供应链上下游的各个场景中得以应用，革新传统行业的物流理念，建设人才梯队，推动产业转型升级。

（3）无人仓领域将广泛应用人工智能、大数据、运筹学等技术，催生更多、更复杂的解决方案。

事实上，早在几年前，我国物流仓储企业就开始着手建设无人仓，在无人仓领域布局。一方面，我国物流仓储企业建设了覆盖范围极广的大型综合无人化物流中心，通过智能硬件、智能系统、智能算法的高效协作，让整个作业流程实现了数据化，使运营决策更加智慧，使物流作业流程更加优化，最终使客户体验得以有效提升。另一方面，我国物流仓储企业挖掘了很多复杂的场景，在物流机器人与其他自动化物流设备研发方面投入了巨额资金，构建了一个柔性的物流系统。

无人仓技术的落地难点

目前,拣货、仓储、集货、运输等环节都有较好的自动化解决方案,只有拆零拣选与包装环节,虽有很多自动化方案,但如果处在复杂场景中,这些自动化方案将失去用武之地,只能通过工作人员进行操作,这是无人仓领域的技术难点。

比如,就电商行业来说,对数万个品类、规格不同的商品进行识别是最大的难题,这一问题的解决需要对各种解决方案进行综合利用,这样一来,成本就会大幅增长。此外,调度数十台AGV容易,调度上百台、上千台AGV比较困难,不仅要确保这些AGV之间不会相互影响,而且要考虑订单的时效性,在这种情况下,计算量、复杂度都会大幅增长。

总而言之,无人仓的实现面临着诸多难题,这些难题主要集中在硬件、规划与技术方面,下面进行具体分析。

◆ **规划与硬件方面**

无人仓规划的目标是在一定建筑面积内让产出实现最大化。如果设备指标能进一步提升,无人仓的坪效与人效自然也能得以大幅提升。无人仓落地在硬件方面的关键主要表现在电池、驱动、网络设备三个方面,具体如表14-2所示。

表14-2 无人仓硬件方面的关键

硬件	关键
电池	如果电池容量增大,充电速度加快,物流设备的有效工作时间就能延长。这样一来,设备使用数量就能减少,使用成本可以显著下降,同时,处于工作状态的设备越来越多,坪效可得以大幅提升

续表

硬件	关键
驱动	随着设备运转速度与加速度不断提升,电池能量利用效率越来越高,设备搬运效率、电池续航能力、空间利用率、人员利用率都能得以大幅提升
网络设备	扩大网络通讯设备的覆盖范围,使网络通讯设备实现深度利用,可使AGV在不同网络设备间的切换频次持续下降,使设备通讯延迟、失位等故障的发生概率降低,使生产人效得以大幅提升

◆ 技术方面

无人仓将物联网、大数据、人工智能等技术整合到了一起,是在数字化、自动化、网络化环境下构建的资源协作平台,也是算法智能决策驱动下形成的实时自治系统,存在很多技术关键,具体体现在以下几个方面,如表14-3所示。

表14-3 无人仓技术方面的关键

技术	关键
人机协同	要想让人与机器实现完美结合,不仅要让各类资源实现数据化,还要对智能决策算法进行有效利用
集群处理	在无人仓中,所有设备都存在一定的联系,不断产生各类数据,对外界指令做出积极响应,形成了一个具有自我感知能力与智能决策能力的设备集群
异常响应	设备会发生故障,设备之间的配合更是如此。系统要对各类异常场景进行判断,提出科学的解决方案,进行异常隔离,保证系统顺畅运行

15 智慧仓储：仓储管理信息化

仓储管理在物流中的作用

一定程度上来说，在物流管理中，仓储管理是最为关键的一环。分析物流的发展历程可知，早期是为了解决货品流通过程中存在的"牛鞭效应"问题而开始进行物流研究与分析的。这个问题具体是指，整个流通过程是由多个环节共同组成的，库存需求预测在传递过程中会出现误差不断放大的情况，导致最终的需求信息与实际需求之间相差甚远，造成企业仓储管理成本的增加，并增加企业需要承担的风险。

针对这个问题，物流行业开始致力于提高库存管理的科学性，降低市场风险，后来开始进行流程方面的调整，打造能够辐射多个终端站点的配送中心，之后又从生产环节入手，采用"按需生产"模式，用定时配送中的 JIT（Just in time）配送模式代替传统的库存管理方式，逐步加速库存周转，致力于实现"零库存"。

经过调整与改革，仓库的分布由分散走向集中，仓库的对外辐射能力逐渐提高，能够同时满足多个终端的货品需求，经仓库周转的货品数量及种类持续增加，周转速度不断加快，仓储管理成本持续降低。分析发达国家的数据统计结果可知，随着现代物流的发展逐渐趋于成熟，库存成本在总体物流成本中的占比也越来越低。

在实际操作过程中，仓储管理在整个供应链管理中发挥着越来越重要的作用。不同物流环节之间进行对接时往往要用到仓储管理，具体如采购环节对接生产环节、生产环节对接销售环节、批发环节对接零售环节，以及各种运输方式之间的对接。当不同物流环节在对接过程中出现需求误差时，就需要通过仓储的介入促进各个环节之间的顺利转换。

整个物流过程中，各个环节的矛盾都反映在仓储环节，仓储管理能够将各个环节的运营整合起来。从运筹学的角度来分析，在物流运转过程中，当运输条件有限时，可以通过实施仓储管理来改进、优化现有的库存方案，强化企业对物流成本的控制，最终实现成本节约。也就是说，成功的仓储管理能够提高整个物流体系的运行效率。

另外，库存环节的变化还能够集中反映出现代物流与传统物流之间的区别。以往，仓储业的主要收入来源是保管费，库存量越大，仓库的收益就越多，但物流运行旨在降低库存，两者之间是相互矛盾的。现代物流则更侧重于上下游之间有效对接，以及对各个环节的整合，能够有效降低库存量，从而降低整体的物流成本。

现代物流与传统物流采用了完全不同的商业模式，但在实际操作过程中，两者在货品入库、分拣、归类、出库等各个环节的差别并不大。因此，在探讨现代物流与传统物流的共性与差别时，还要从信息系统的组成及其他方面进行深入分析。

智慧仓储管理的三大核心

仓储管理的主要内容由以下三项组成：仓储系统布局、库存最优控制、仓储作业操作。这三项内容涉及不同的层面，而各个层面之间存在着紧密的联系。

◆ 仓储系统布局

仓储系统布局是供应链设计及规划中最重要的环节，属于顶层设计的范畴。具体而言，是指对物流体系中的配送中心进行合理的布局规划，将物流干线运输与区域配送结合起来，利用配送中心的仓库将各个物流环节连接起来。

从信息系统设计的角度来分析，仓储系统布局采用的是"联库管理"模式。这种模式具体包括三种：分布式管理、集中式管理、分布式与集中式管理相结合。在整个规划过程中，最重要的是对配送中心的布局。虽然布局配送中心是WMS之外的工作，但客户在对WMS的价值进行评估时，也会将配送中心布局设计得是否合理考虑在内。

◆ 库存最优控制

库存最优控制的主要工作是商业模式的选择，也就是基于上一层设计的要求，决定采用哪种管理模式，要实现怎样的目标。作为供应链运营过程中的一部分，这个环节的成本消耗在总体成本中的占比较大，要致力于在降低成本的同时保证提供优质的服务，不断优化库存，尽可能地实现

"零库存"。

若库存控制环节采用独立核算利润的方式，在管理模式的选择上也会存在明显差异。相较于成本、服务因素，库存控制更注重利润核算问题。在这种情况下，这个环节会按照既定的市场营销方式开展运营，将客户关系管理与费用核算系统管理视为重点。

◆ 仓储作业操作

仓储作业操作为仓储管理的基层构成，无论是什么类型的WMS都包含这个环节。所以，仓储管理系统与企业资源计划、进销存等管理系统的不同之处也集中体现在这个环节上。仓储作业环节既要按照上一层的管理目标及管理模式来开展运营，又要连通其他仓储设备控制系统，因而对技术专业性的要求比较高。相较于国外领先的仓储管理系统，我国独立研发与生产的仓储管理系统在这方面还有很大的发展空间，所以国产WMS的价格通常也比较低。

WMS在物流企业中的应用

作为仓储管理信息化发展的方式，WMS在国内的应用还处于早期探索阶段。现阶段下，我国商业领域对WMS的应用存在两种主流形式：一种是高端市场应用，主要是指国外拥有较强竞争实力的主流品牌在我国建立的跨国公司对WMS的应用，也有一小部分国内领先企业应用了WMS，但占比较低；另一种是低端市场应用，主要是指国内企业使用我国研发的WMS。在这里着眼于应用层面，通过分析一些具有代表性的物流信息化企业，梳理一下国内企业WMS的发展情况。

◆ 依托配送中心开展的WMS应用

这类WMS应用主要体现在基于商品配送中心实施的连锁超市仓储管理，以及基于零件配送中心的生产企业仓储管理等领域。

在这方面具有代表性的是北京医药股份有限公司开展的物流运作。北京医药股份有限公司建立仓储管理系统，是为了确保自身运营符合《药品经营管理质量规范》，也是为了完善流程体系，加速系统的整体运转。该系统负责进货、库存、订单信息的管理，并能够完成货品拣选、信息确认、货品配送、货位安排等工作；可利用数字化技术及网络信息系统，加强对仓库作业的管控。

北京医药股份有限公司的WMS有效提高了配送效率，加速了订单处理，并产生了积极的社会效益，为医药行业做出了良好的示范。很多制造业及分销行业在供应链物流环节也会使用这种系统。

◆ 整合仓储作业技术的WMS应用

这类WMS应用能够将不同自动化设备的信息系统打通，实现资源的整合利用。

在这方面具有代表性的是武钢第二热轧厂打造的生产物流信息系统，企业依托这个系统实现钢坯、粗轧中厚板、精轧薄板的统筹运行，维持整个运作系统的正常运转，实现资源能源的充分利用。

在这个生产物流信息系统中,最关键的是将轧钢生产过程中涉及的多种自动化设备系统连接到物流系统中,加强生产流水线与库存管理之间的关系。由于不同的设备对应不同的信息系统,WMS在打通各种设备系统的同时,还要将不同的工艺流程连接起来,并且要将其作为公司总体信息化系统的一部分来开展运作。这种系统对应的操作流程具有较强的专业性,规范化水平也比较高,往往作为企业资源计划系统的构成部分存在。

◆支持仓储业经营决策的WMS应用

这类系统会配备优质的客户管理系统、高效的计费系统、精准的核算系统,从而实现和提高仓储经营决策的科学性与合理性。

在这方面具有代表性的是华润物流有限公司建设的润发仓库管理系统。很多主营公仓仓储服务提供的公司会采用这种系统,因为系统在仓储运作、流程管理方面采用了很多通用技术,要求比较低,能够满足大部分客户的需求。基于符合自身特点的WMS应用,华润物流有限公司降低了人工成本,减少了仓库资源的浪费,获得了更多的利润。

以上是从应用层面对仓储管理系统进行的划分。其中,第一种仓储管理系统的标准化水平较高,但很多企业不具备应用这类系统的条件;多数企业在改进内部物流时会使用第二种仓储管理系统,如商贸类企业及生产类企业开展信息化建设的过程中,通常会从自动化物流切入,逐步打通各类信息系统;传统仓储企业在升级到现代物流业的过程中,通常会使用第三种系统。这种划分方式表明国内物流需求目前还处于发展阶段,行业在不同的发展时期会采用不同的仓储管理系统。

WMS的未来发展方向

通过分析中外物流发展的特征及其未来变化趋势，对WMS的发展动向进行探讨。

（1）当物流行业对资源利用的整合化程度日渐提高时，大型物流网络在布局设计的过程中，就要考虑应该采用集中仓储管理模式，还是采用分散仓储管理模式。这两种模式目前都已经实现了落地，国家储备粮系统是集中仓储管理模式的应用代表，连锁超市在物流配送方面采用的则是分布管理仓库。

这两种模式都不乏市场需求，不存在一种模式优于另一种模式的说法。尽管如此，相关研究揭示，大部分复杂系统可以被细分成多个简单系统，而这些简单系统选择的是分布式模式。从这个角度来说，占据主导地位是分布式而不是集中式。在对大型系统的构成进行分析时，要从底层的分布式系统来切入。如果从技术层面来分析，就是从分布式仓库系统着手，运用先进的技术手段来实现集中管理。

（2）近年来，RFID等先进技术被越来越多地应用到仓储管理中，为整个物流行业的改革起到了推动作用。但受限于多种因素，这种技术还无法实现大范围的普及应用，由于各国使用的物品编码标准各不相同，也增加了RFID应用推广的难度。

不同的是，RFID技术能够在多种物流设备中得以应用，具体包括运输车辆、货架、托盘等。该技术的应用有助于企业提升物流管理能力。在现实中，很多企业的WMS已经实现了RFID技术的落地。可以推测，在后续发展过程中，越来越多的企业将尝试在机器设备中应用RFID技术，结合商品条形码的应用，来扩大这种技术的应用范围。

（3）未来，基于WMS的JIT配送服务将成为更多企业的选择。前文中从应用的角度列出了WMS的三种应用。当市场环境的发展逐渐趋于稳定时，仓储管理在流程整合方面的价值会更加突出，配送中心会逐渐取代传统仓库。

当越来越多的企业采用按需生产模式时，这些企业对JIT配送服务的需求会逐渐提高。企业在仓储管理方面也要根据这个需求变化进行相应的调整。在这个过程中，企业的物流配送需求不断趋向于细分化发展，对JIT配送服务的专业性提出了更高的要求。

（4）仓储管理系统将逐渐实现对BI（Busines Intelligence，商业智能技术）的普遍应用。所谓"商业智能"，即借助数据分析技术，对现有的数据资源进行价值提取，具体应用如根据数据分析结果对市场发展规律进行总结，进行危机预测，或者改进现有的仓库运转方式。

信息的价值集中体现在应用层面上，企业要以信息为依据进行决策制定。初级的信息应用体现为由系统进行数据获取，决策制定工作则需由管理人员来完成。随着技术水平的提高，系统本身将具备决策制定能力。所以，商业智能技术在仓储管理中将占据更加重要的地位，其应用将推动整个仓储管理系统的信息化发展，使"传统仓储"升级成为"智慧仓储"。

第六部分
智慧冷链篇

16　我国农产品冷链物流的模式与策略

农产品冷链物流的运作流程

在国内物流行业，冷链物流可以说是一个新生事物，发展时间较短，技术投入、资本投入都稍显不足。随着经济快速发展，物流在社会经济领域的地位日渐凸显，在大物流体系中，冷链物流逐渐占据了核心位置。

虽然冷链物流只是大物流体系的一部分，但因为它将城乡消费与生产连接到了一起，可以满足城市消费者日渐增长的物质需求，所以，冷链物流建设吸引了世界上很多国家的关注。我国是农业大国和人口大国，在居民的日常消费结构中，农副产品及食品的生产与消费占据了较大比重，所以发展冷链物流的意义重大。

冷链物流指的是让冷藏冷冻类食品从生产、存储、运输到消费各个环节始终处于冷链环境，在消费之前切实保证产品质量，减少食品损耗，是一个建立在冷冻工艺学的基础上，对制冷技术进行充分利用的冷链物流过程。

因为生鲜食品非常容易腐败变质,所以产品流通过程必须保持适宜的温度,而且产品周转速度要快。为此,在冷链物流中,产品加工、运输、仓储、销售等环节必须紧密衔接,采用合适的设备进行统一管理,以切实保证生鲜产品在物流运输过程中的质量。

一般来讲,农产品冷链物流可以分解为以下几个环节,分别是原材料获取、冷却、冷藏加工、冷藏运输、冷藏销售与消费,具体如图16-1所示。

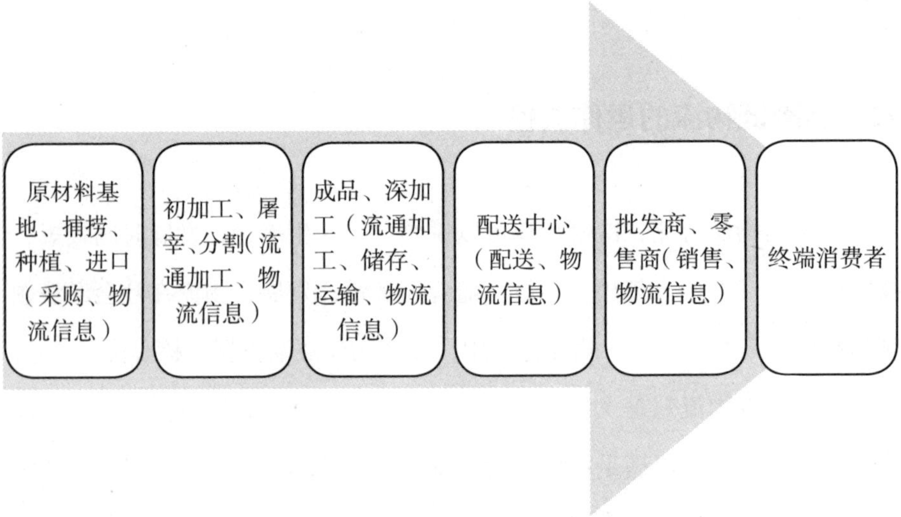

原材料基地、捕捞、种植、进口(采购、物流信息) → 初加工、屠宰、分割(流通加工、物流信息) → 成品、深加工(流通加工、储存、运输、物流信息) → 配送中心(配送、物流信息) → 批发商、零售商(销售、物流信息) → 终端消费者

图16-1 农产品冷链物流的运作流程

冷链物流市场需要消费者、政府、企业共同参与,相较于其他商业领域来说,冷链物流市场具有自己独有的特点,管理效果无法直接通过商品质量反映出来,具有一定的滞后性。在此形势下,政府需要发挥出应有的作用,制定相关法律法规对冷链物流企业进行监督约束,代表行业协会促

进业内相互监督机制建立。在整个物流业务中，冷链物流属于高端物流，对基础设施、操作流程、相关技术的要求都比较高，而且需要投入巨额资金，资金的回收周期也比较长。

为此，在建设冷链物流体系之前，我国要先建立规范的市场环境，用道德、法律对冷链物流的参与者进行约束，创建可以开展良性竞争的冷链物流市场，同时要做好上下游企业的协调工作，然后再由政府、企业、行业组织相互协作，按照国际标准，结合国内需求，构建一个涵盖了运营商、投资者、客户的一体化的冷链物流联盟体系。

在冷链物流体系建设的过程中，政府要提供资金支持，整合大城市的冷链物流市场，建立统一的冷链物流配送中心，开展共同配送，以点带面，推动全国冷链物流行业发展。同时，政府要对农产品产地收购、加工、存储、运输、销售、终端消费等环节提出温度要求，保证这些环节始终处于适宜的低温环境中，带动储藏、运输、销售不中断的"冷链化"物流实现同步发展，遵循向社会开放、市场化经营的原则，加快对冷库技术进行改造，做好经营管理，为客户提供全方位服务，提高冷库的利用率，扩大冷链物流的服务范围，在全社会范围内推行集装箱运输，按规定温度展示产品。在规范、专业的冷链物流体系的支持下，冷链物流运输效率可得以有效提升，企业物流成本可大幅下降，消费者、企业、政府有望实现共赢。

农产品冷链物流的三种模式

目前，我国农产品冷链物流主要包括以下三种模式，即批发市场模式、连锁超市模式、物流中心模式,如图16-2所示。

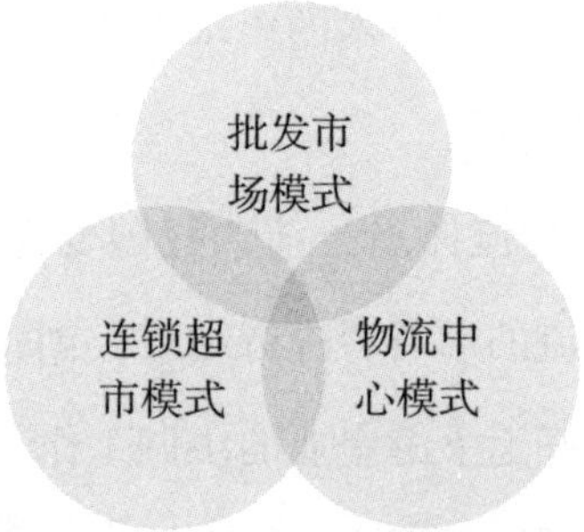

图16-2 农产品冷链物流的三种模式

◆ **批发市场模式**

批发市场模式是一种主流的农产品物流模式,在该模式中,通常由采购商将分散在农户手中的农产品收购,集中销售给批发商,然后由批发商分销给便利店、超市、餐饮企业、个体商贩等零售商,最后再销售给消费者。由于我国农产品行业分散度较高,采用批发市场模式可以很好地解决分散经营造成的农产品流通成本较高问题。

农产品冷链物流需要在流通过程中的所有环节配备冷链物流设施,这样才能有效降低腐损率,保证农产品的新鲜度与口感,使企业获得更高利润。大型商超等规模较大的零售企业除了使用冷柜为农产品保鲜外,通常还租用或自建小型冷藏设施,为大批量农产品保鲜。

◆ **连锁超市模式**

连锁超市模式通常是由连锁超市和专业的物流服务商合作,专业物流商的存在,可以缩短农产品交付周期,有效提高物流效率,实现持续稳定供应。在该模式中,农户、物流企业、连锁超市通过达成合作协议成为利益共同体,是一种具有较高的稳定性、可持续性的农产品冷链物流模式。

很多生鲜农产品易腐烂变质、保鲜期较短，提前采摘又会影响品质，提高物流配送效率与质量是保障生鲜农产品品质的关键所在。专业的物流服务商有雄厚的资金、车辆、库房等资源，可以快速将高质量的生鲜农产品从农户手中转运到连锁超市，从而提高生鲜农产品的附加值。

◆物流中心模式

物流中心模式是一种起步时间较短，但发展势头颇为迅猛的农产品冷链物流模式。在该模式中，物流基地、集散中心、配送中心等物流中心居于主导地位，为农产品流通提供一站式物流解决方案。和连锁超市模式中的专业物流服务商所不同的是，物流中心模式中的物流中心拥有极高的话语权，能够实现对物流资源的高效利用，促进小生产与大市场的有效对接。

我国农产品冷链存在的问题

据统计，我国近九成的肉类、近八成的水产品、大量的牛奶与豆制品采用的都是常规运输，损耗极大。根据国家统计局数据显示，截止到2020年，我国果品产量达28692.40万吨，产值近2万亿，是世界上第一大水果生产国。然而，这串数据的背后却存在一个冷酷的事实：我国每年有20%以上的果品在流通过程中损耗，直接造成的经济损失达4000亿人民币！

我国果蔬类农产品在采摘、存储、运输过程中的损耗达20%~30%，腐烂变质的水果、蔬菜可满足2亿人的基本营养需求，损耗量为世界第一。而在欧美等发达国家，果蔬类农产品在运输过程中的损耗不足5%。

由此可见，我国农产品冷链物流体系亟须完善。现阶段，我国冷链物流大致存在以下几方面的问题。

◆ 流通加工方面的问题

目前，我国农产品冷加工预处理过程存在很多问题，这里所说的冷加工包括慢冻、速冻、冷藏和冷保鲜。我国农产品冷加工预处理过程存在的问题主要集中在冷加工的产品种类、数量、质量、包装及管理等方面，具体表现为以下三点：第一，宏观管理失控导致行业管理混乱，生产出来的产品质量较差，而且产品生产、运输、销售等标准、法规尚不完善；第二，产品质量管理没有章程可循，产品种类单一，存在严重的同质化现象；第三，产品销售条件不佳。

◆ 储存方面的问题

目前，我国冷库的实际利用率偏低。冷库建设存在一些问题，具体表现在以下三个方面：第一，一味地重视肉类低温冻结冷库建设，忽视了蔬菜低温保鲜冷库建设；第二，过于关注城市经营性冷库建设，忽视了产地加工生产性冷库建设；第三，过于重视大中型冷库发展与管理，忽视了批发销售小冷库的发展与管理。

◆ 运输方面的问题

相较于欧美等发达国家来说，我国冷藏运输工具的发展比较滞后，主要表现为两点：一是冷藏运输工具比较单一，发展不平衡；二是冷藏运输能力不足。总而言之，现阶段，铁路、公路、水路等运输方式的冷藏运输能力不足，各种冷藏运输工具的发展方向、发展重心与发展步骤缺乏统筹规划，宏观指导与微观支持机制尚未建立，农产品冷藏运输过程存在严重浪费，在农产品总成本中，物流成本占比极高。

◆ **销售存在的问题**

我国冷藏农产品销售主要集中在超市、大卖场，生产厂商在此投入了大量资源与精力，导致超市、大卖场中的冷藏农产品供过于求，流通费用不断上涨，小城镇、农村市场的冷藏设备发展非常缓慢。再加上国产冷柜质量良莠不齐，性能较差，导致冷链经常中断。而进口冷柜的价格比较高，很多商家无力承担。除此之外，在农产品冷藏柜设备运维方面，国内企业还没有建立起专业化的团队。

◆ **农产品冷链中的信息化程度较低**

现阶段，我国农产品冷链物流的信息化建设比较滞后，信息网络建设尚不健全，信息设备配置亟待完善。因为缺乏准确的信息，所以冷链农产品流通没有明确的目标。目前，在我国农产品市场上，经过统一规划设计的信息系统尚未出现，只有一些提供少量功能的软件，而且各个企业的信息化程度也存在一定的差距。大部分企业尚未意识到信息化的重要性，遑论引进先进的信息技术推动企业发展了。除此之外，供应链上的企业缺乏统一的信息平台，企业之间缺乏相互了解，使农产品物流的发展受到了一定的阻碍。

◆ **我国完整独立的物流冷链体系尚未形成**

整体来看，我国物流冷链尚未形成体系，与欧美等发达国家存在较大差距，冷链物流发展相对滞后，对农产品发展产生了一定的制约。另外，我国尚未建立可以对农产品生产、包装、存储、运输、销售全过程质量进行监控的体系，尚未制定温度立法。再加上，相关企业与机构没有严格遵守、执行卫生食品法，导致农产品质量无法得到有效控制。基于这一点，谈及我国的农产品物流链，人们总会联想到昂贵、利润低、易耗食品、食物中毒等不好的词汇，极大地降低了我国农产品的国际竞争力，也影响到消费者对本国农产品行业的信心。

我国农产品冷链的应对策略

要想推动我国农产品冷链物流行业的健康持续发展，必须针对其中存在的问题合理进行对策的构建，为其良好地发展营造有利的环境。具体而言，解决生鲜农产品冷链物流问题的对策可以总结为以下几个方面，如图16-3所示。

- 加强基础设施建设，提升建设的整体力度
- 加快推进多式联运发展，缩短运达期限
- 加强冷链信息建设，提升信息化水平

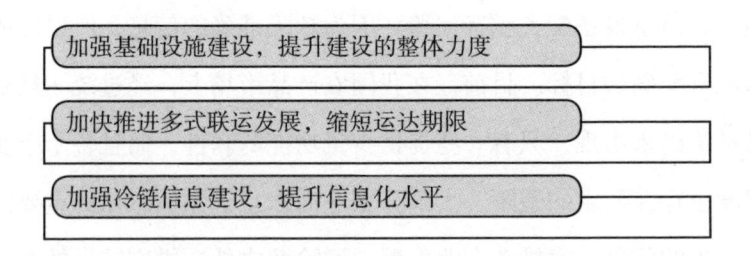

图16-3 我国农产品冷链的应对策略

◆ **加强基础设施建设，提升建设的整体力度**

我国要积极推进生鲜农产品冷链物流基础设施建设，不断引进新设备、新机械，对现有的冷藏以及冷冻设备进行改造，满足生鲜农产品的仓储运输需求。另外，我国还应该不断推广冷藏集装箱，助推冷链物流实现仓储、运输一体化发展。

就硬件建设而言，冷链物流的硬件包括厂房、运输设备、储藏设备等，为了做好冷链物流硬件建设，相关企业要加大人力、物力、资源等方面的投入，制定冷藏硬件建设规划，完善冷藏链相关设备配置，不断提高

冷藏技术，积极引进相关领域的先进技术，加快冷藏保鲜新技术的普及应用。归根究底，欧美等国家的冷藏物流之所以发展速度极快，就是因为冷藏设备非常完备，冷藏技术非常先进。

此外，城市郊区可以建立生鲜农产品配送中心，提高生鲜农产品的中转速度与效率，缩短整体的配送时间。生鲜农产品配送中心建设需要企业与政府共同努力，政府要提供政策引导与资金支持，引导相关企业加大在该领域的投资。同时，企业要积极引进先进技术，加大投资力度，配合政府做好生鲜农产品配送中心建设，推动冷链物流行业健康发展。

◆**加快推进多式联运发展，缩短运达期限**

随着第三方物流公司快速发展，冷链运输市场不断扩大，冷链运输所需设备不断增加，但各个运输环节的衔接依然存在很多问题，严重制约了冷链运输的发展，为解决这一问题，最好的方法就是发展多式联运，保证各个运输节点可以顺畅衔接。

为此，我国要积极构建铁路、公路、水路联合运输网，构建多式联运体系。同时，相关企业要加强对冷藏运输车辆的考核，制定严格的考核标准，提高冷藏运输效率，缩短农产品运输周期。

◆**加强冷链信息建设，提升信息化水平**

冷链物流行业要积极引入信息化技术，不断提升自身的信息化水平，构建生鲜农产品冷链物流信息系统，对冷藏设备的运行过程进行实时监控，保证冷藏设备始终处于良好的运行状态，发现问题及时处理，为整个物流行业的健康发展奠定良好的基础。同时，冷链物流企业要积极引入智能化技术、物联网技术以及云计算技术，不仅要提高整个冷链系统的信息化水平，还要提高物流企业各个环节的信息化水平，进而提高企业的竞争力,让企业更好地应对激烈的市场竞争,满足时代发展需要。

对于冷链运输企业来说,加强农产品冷链物流信息系统建设有利于企业及时获取市场动态与有关信息。

(1)可以获取售后服务信息,为农产品质量与安全检测提供可追溯的信息,一旦发现有问题的农产品就可以追根究底,查找源头。

(2)可以获取运输信息,通过引进POS、GPS、EDI等技术实现供应链信息一体化。通过统一的电子交换系统与计算机管理信息系统建设,对冷藏车运输进行动态监控,简化冷藏车运输审批手续,提高空车调配效率,让供应链上下游企业可以共享信息。

(3)获取采购信息与库存信息,利用计算机系统对产品及储架货位进行实时监控,提高补货与提货效率,及时获取产品保质期、库龄等信息,使冷链物流的运行效率与管理水平得以切实提升。

17 智慧冷链：构建新型冷链物流体系

"十四五"时期的冷链物流战略

2021年12月13日，国务院办公厅印发了《"十四五"冷链物流发展规划》（以下简称《规划》）。这是我国冷链物流领域第一个五年规划，《规划》首次从构建新发展格局的战略层面，对建设现代冷链物流体系做出全方位、系统性部署，提出一系列务实、可操作、可落地的具体举措，具有重要"里程碑"意义。

《规划》强调科技创新和数字转型激发冷链物流发展新动力。伴随新一轮科技革命和产业变革，大数据、物联网、5G、云计算等新技术快速推广，有效赋能冷链物流各领域、各环节，加快设施装备数字化转型和智慧化升级步伐，提高信息实时采集、动态监测效率，为实现冷链物流全链条温度可控、过程可视、源头可溯，提升仓储、运输、配送等环节一体化运作和精准管控能力提供了有力支撑，有效促进冷链物流业态模式创新和行业治理能力现代化。

物流在国民经济发展中具有重要的意义。中国物流与采购联合会公布的数据显示，2020年全国社会物流总额300.1万亿元，同比增长3.5%。随着人们对于食品个性化需求的提升，生鲜食品的线上交易与日俱增。

生鲜食品如奶、蔬菜、水果、肉、海鲜等需要低温贮藏及运输，冷链物流则为其提供了最为适宜的温度和湿度环境，同时抑制细菌的活性、降低细菌在运输或仓储过程中的繁殖，最大化保证货品的品质及安全。

冷链物流市场广阔，有数据显示，2020年我国冷链物流总额将达到16.6万亿元，冷链物流需求规模将达到56500万吨，年均复合增长率约为26.35%；而在物联网大数据与人工智能的综合作用下，就会形成一种新的化学反应，深刻推动冷链物流智慧化发展。

智慧冷链物流可以理解为：在物流系统中采用物联网、大数据、云计算和人工智能等先进技术，使整个冷链物流系统运作如同在人的大脑指挥下实时收集并处理信息，做出最优决策、实现最优布局，冷链物流系统中各组成单元能实现高质量、高效率、低成本的分工、协同；简单来说，智慧冷链物流本质即是货物从供应者向需求者的智能移动过程，通过对物流赋能实现人与物、物与物之间物流信息交互，是高层次、高端化的新型物流形态。

智慧冷链物流所运输的商品，也躲不过物流的流程，即从产地经过加工包装与运输，运送到销售地点，然后经过仓储与销售，最终到达消费者的手中。对于冷链数据信息的挖掘、采集与检测，保证整个冷链每一个环节产生的数据都不遗漏，是冷链物流实现智慧化的基础；另外，还要有仓内技术、干线技术、"最后一公里"技术、末端技术、智慧数据底盘等技术基础；将硬件和软件平台强大的预算能力结合在一起，才能更有效实现仓储、运输、配送、包装、装卸、信息处理等智慧化，进而实现冷链物流智慧化。

随着冷链信息化、数字化发展，智慧冷链物流成为必然发展趋势。针对生鲜农产品，通过智能硬件、物联网、大数据等智慧化技术与手段，提高物流系统分析决策和智能执行的能力，提升整个物流系统的智能化、网络化与自动化水平，从流通环节、底层技术、应用领域和功能目标等方面实现智慧化。智慧冷链物流的内涵如图17-1所示。

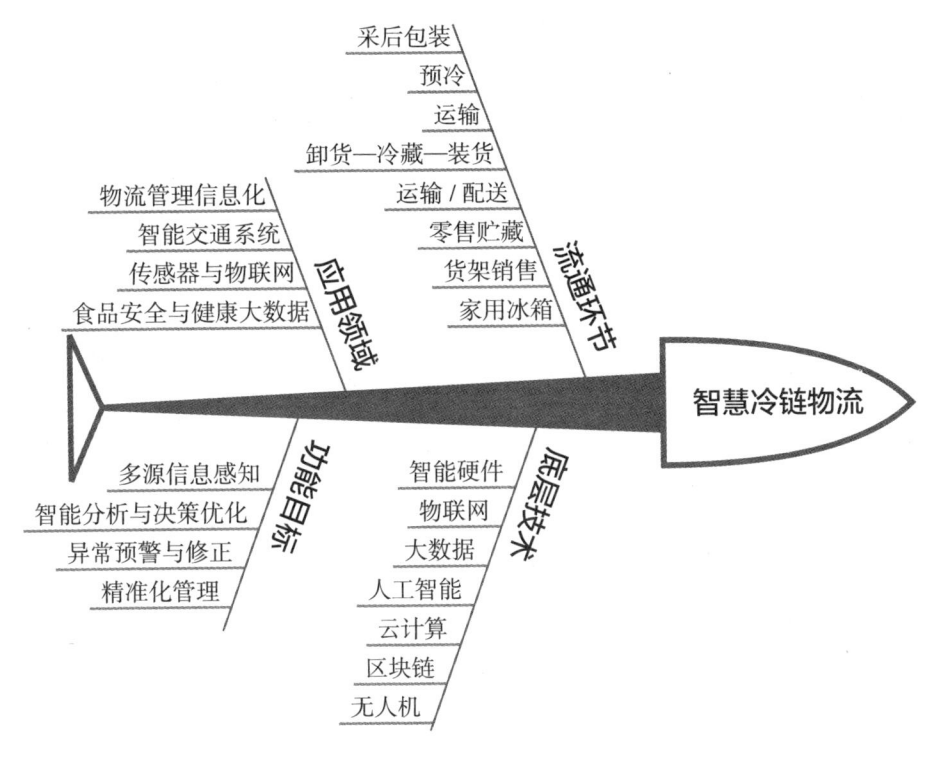

图17-1 智慧冷链物流的内涵

当下，全社会已经进入抗疫常态化，此次疫情让人们感受到物流作为基础设施的地位，其间多地出现冷冻食品被检测出新冠病毒，这对冷链物流提出了更高的要求，特别是食品和消费品的智慧化冷链物流如无接触配送被提上日程。

"无接触配送"在物流配送、电商等行业内迅速铺开和跟进，众多企业、平台已跟进"无接触配送"服务，如沃尔玛、家乐福、京东、盒马鲜生、顺丰冷链、每日优鲜等。自此，智慧冷链物流开始广泛进入大众视野，提供便民服务。

目前，智慧冷链物流需求逐渐旺盛，冷鲜食品线上消费规模剧增，我国农产品智慧冷链物流市场容量巨大，市场潜能尚在进一步释放中，行业的发展空间与机会较多；因此，各大冷链物流企业结合实际，纷纷布局智慧冷链物流，我国冷链智慧物流进入了百舸争流的发展态势，且以"北上深"三城竞争力领先，代表企业有菜鸟网络、京东物流和满帮物流等。

总之，伴随着我国经济的平稳增长，对外开放新格局正加速形成，食品消费不断升级、城镇化进程不断加快、食品安全意识不断提高以及国际合作空间不断扩展等因素都将促进我国智慧冷链物流需求市场的持续扩张与行业不断发展。在"内需+政策"的背景下，智慧冷链物流发展前景广阔。

冷链物流的智能化之路

冷链物流是以冷冻工艺为基础，利用制冷技术运输特殊商品的一种物流活动。相较于普通物流来说，冷链物流可以保证商品从生产到销售的全过程全部处在适宜的温度下，从而保证运输商品的质量，减少商品在运输过程中的损耗。也就是说，冷链物流不仅是一种供应链活动，而且可以将冷冻技术应用于生产、贮藏、运输、销售、消费等环节，保证运输商品的质量。具体来看，智慧冷链物流主要体现在以下几个方面，如图17-2所示。

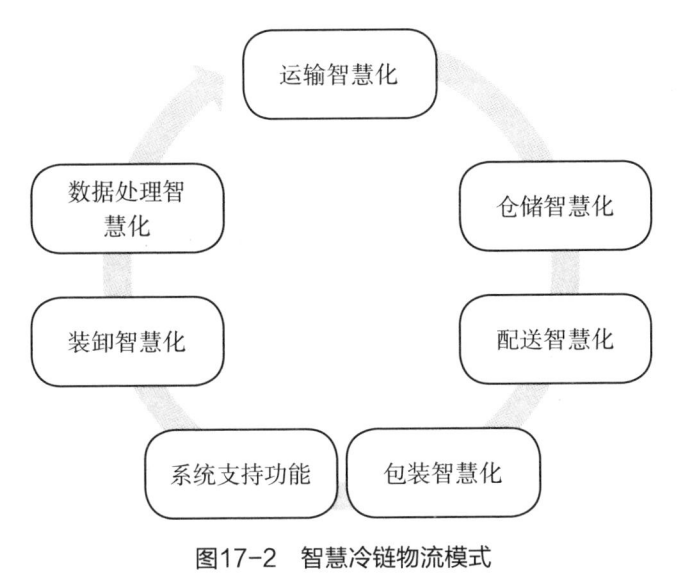

图17-2 智慧冷链物流模式

◆ **运输智慧化**

生鲜农产品冷链物流对物流配送设备、基础运输设施设备、温度控制以及整个物流系统的运作管理提出了极高的要求，需要将车辆识别技术、定位技术、信息技术、移动通信与网络等进行集成应用，具备交通管理、车辆控制、营运货车管理、电子收费、紧急救援等功能，从而降低货物运输成本，缩短货物运输时间，对整个货物运输过程进行监控，解决农产品运输过程中突然出现的各种问题，保证产品质量。

◆ **仓储智慧化**

智慧化仓储可以实时采集货物信息，包括货物数量、存放的位置、存放载体等，并利用信息交互技术辅助货物快速入库、准确出库，完成库存盘点、货物库区转移、货物数量调整、实时信息显示、温度检测与报警等操作。智慧化仓储在构建过程中需要用到很多技术，包括仓库选址技术、需求预测技术、仓内机器人等。其中，仓内机器人又包括自动导引运输车、无人叉车、货架穿梭车、分拣机器人等，主要在货物搬运、上架、分拣等环节应用。

◆ 配送智慧化

智慧化配送系统会对全球定位系统、配送路径优化模型、多目标决策等技术进行集成应用，对订单进行集中分配，保证所有的订单都有车可送，也保证所有的车辆都有单可运，从而实现配送订单信息电子化、配送决策智能化、实时显示配送路线、支持对配送车辆进行导航跟踪、支持客户实时查询配送信息，与仓储部门一起高效率地完成配送。

配送智能化的实现需要综合应用无人机配送、无人车配送、众包配送、智能快递柜等配送方式。冷链配送则需要在上述技术的基础上，与物联网技术相结合，在车内安装温控设备，对车厢内的温度进行实时监控，保证在配送途中车厢内的温度一直处于适宜状态。同时，用户下单后可以通过手机App对车内状况进行观察。在疫情初期，很多城市都出现了无人配送车，在物资运输方面发挥了重要作用。

无人机配送、无人车配送可以有效解决物流配送"最后一公里"问题，减少人力消耗，减轻配送人员的工作负担。例如，京东研发的无人配送车配备了激光雷达、全景视觉监控系统、前后防撞系统、超声波感应系统以及GPS可以精准地感知周边环境，将物品送到目的地。研发人员可以在此基础上对无人配送车进行研发，进一步丰富其功能，赋予其自主决策、自主配送的能力。

◆ 包装智慧化

产品包装智慧化可以利用电子技术、信息技术和通信技术等对产品生产、销售等过程中产生的信息进行搜集与管理，将产品整个生命周期内的质量变化记录下来，然后通过包装对产品的特性、内在品质以及产品在仓储、运输、销售等环节产生的信息进行实时采集与整理。

◆ 装卸智慧化

装卸智慧化指的是利用AGV小车、传送设备、智能穿梭车、通信设备、监控系统和计算机控制系统等设备与系统，改变物品的存放位置与存放状态，让货物装卸、分拣、传送、堆垛、出入库等过程实现立体化、动态化，推动整个装卸过程实现智能化、自动化。

◆ 数据处理智慧化

数据处理智慧化指的是利用信息感知、信息传输、信息存储和信息处理等技术对数据进行自动采集与输入，利用数据库对物流信息进行整合、处理与分析，为物流运作、决策制定提供依据，提高物流作业效率，保证物流作业的合理性。

例如，大数据处理调度中心具备自动预测、异常监控报警、数据关联分析、大屏可视化等功能，可以自动整合数据，对海量数据进行处理，为客户提供数据服务，进而提高数据处理效率，满足复杂业务场景对数据的需求。同时，数据处理结果可以通过大数据处理调度中心的大屏实时显示出来，为市场监管方了解产品、运输、仓库、市场交易动态等信息提供辅助，为市场监管方制定科学决策提供必要的支持。

大数据处理调度中心的自动预测功能可以通过对产品、运输、仓库、市场交易信息等进行统计，对农产品的供需状态、交易价格变化趋势等进行自动预测；异常监控功能可以对车辆运输状态、仓库管理状态等进行实时跟踪，对异常信息进行实时监控；数据关联分析可以对农产品的产地、流通等环节进行分析，支持用户溯源；大屏可视化可以对产品、运输、仓库、市场交易等信息进行可视化展示。

总而言之，冷链物流智慧化不仅可以提高物流运输效率，减少产品在运输过程中的损耗，保证产品质量，而且可以提高整个物流运输过程的开放性，支持消费者对产品的生产、运输过程溯源，让消费者安心消费。

智慧冷链物流的关键系统

冷链物流在食品新鲜度、营养价值保存、卫生标准方面都提出了严格的要求，相关物流企业必须加快系统运转并提高配送质量。智慧冷链物流可利用物联网技术达到上述要求，以智能化方式进行数据处理、决策制定，实现不同网络系统之间的无缝对接。那么，智能物流系统包含哪些关键系统呢？

◆ 基于RFID技术的管理与监控系统

作为一种新兴的现代自动识别技术，FRID技术主要通过读写设备中安装的微波技术、无线电波技术或感应技术来提取射频标签上的信息，以自动化方式完成数据获取。射频识别是物联网的关键技术，能够在物流运转过程中发挥重要作用。利用这项技术，运营人员能够以高效的方式进行数据获取并存储到信息系统中。除此之外，还可以在运输、存储、配送等多个环节中实现FRID的应用，如图17-3所示。

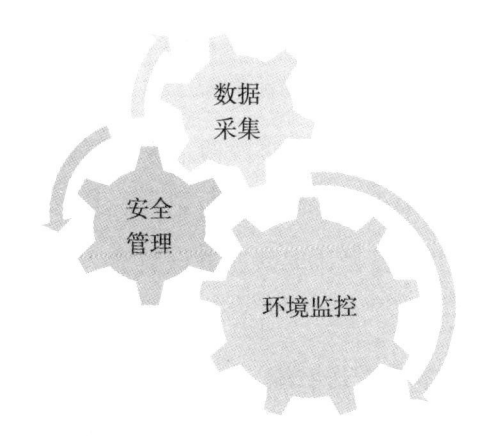

图17-3 基于RFID技术的管理与监控系统

（1）数据采集

RFID技术可以对处于运动状态中的物体进行识别，一次性提取多个物品的数据信息，环境适应能力强、信息安全性高。RFID设备所提取的信息都储存在电子标签中，即冷链物流运转过程中经历的货品运输、加工、存储、配送、销售等各个环节所产生的信息都会保存在电子标签中。为了保证物流企业能够获取到全方位的信息，要实现电子标签在智能物流系统中的广泛应用。

（2）安全管理

如今，人们对食品安全的关注度普遍提高，而冷链物流在这方面提出了更高的要求。智能物流应该强化对整个食品运转过程的监管，为消费者查询相关信息提供便利，为他们提供安全、健康的食品。RFID技术与电子标签的使用，能够对所有货物进行标识，将其在冷链物流各个环节中产生的信息都记录下来，还能保证信息的安全性，为运营人员进行货品信息查询提供便利，实现全过程追踪管理。

（3）环境监控

为了保证食品的新鲜，冷链物流的整个过程中都要注重对环境温度的控制，确保食品处于冷环境中。在这方面，物流企业可以通过RFID技术与温湿传感器来进行环境监控，以精确的数据为参考进行温度与湿度控制，在环境温度或湿度超出预定范围时快速进行调整，避免因环境异常而降低食品质量。

◆ 基于GIS技术的智能配送系统

GIS（Geographic Information System，地理信息系统）技术在智能物流运转过程中发挥着重要作用，其应用价值集中体现在配送环节。物流企业利用GIS技术，能够绘制综合物流图，实现对货品、订单、客户等的统一管理，从而提高资源利用率，加速物流体系的运转，提高冷链物流的服务水平，为客户提供更加优质的物流体验。基于GIS技术的智能配送系统主要体现在以下几个方面，如图17-4所示。

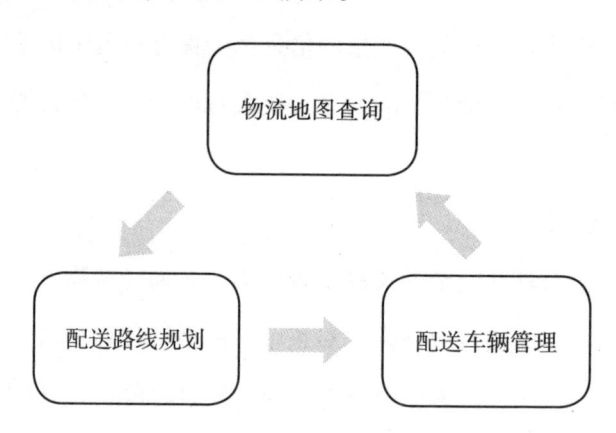

图17-4 基于GIS技术的智能配送系统

（1）物流地图查询

物流企业可以在地图上标注各类信息，包括送货地址、客户联系方式、配送服务提供者等；利用地理信息系统获取当前的道路交通情况，将最终选择的运输路径标注到地图上，为运营人员进行信息搜索与查询提供便利，方便用户进行实时货物追踪。

（2）配送路线规划

物流企业要对物流网点的地理信息实施统一管理，合理划分物流分单责任区，利用地理信息系统，为不同区域、网点分派配送地址，与各地区、网点的人员管理系统相结合，确保能够通过合理的人员安排完成末端配送。利用先进的技术工具进行路径规划与选择，提高物流配送效率。

（3）配送车辆管理

实现对整个货物流通过程中的监控，借助地理信息系统锁定车辆位置，进行实时追踪，对车辆资源进行合理安排，减少资源浪费。使用预警机制，在发生意外情况时提醒司机注意，避免车辆在运输途中被耽搁。

◆ **智能终端系统**

作为智能物流系统的重要构成之一，智能终端由移动终端与机载终端共同组成，以终端设备为基础，配备开放式操作系统，能够登录互联网，允许用户使用操作系统下载的软件获取物流服务及数据信息。

一般来说，这类终端产品能够快速连网，其操作系统具有较强的扩展性，能够快速进行信息分析，采用语音识别、触控等方式实现人机交互。智能终端同时具备即时通讯、信息搜索与查询、地理信息系统定位、单据处理、语音识别、集成电路卡读写、条码识别等功能，能够在智能物流系统中发挥重要作用。

◆ **电子商务系统**

电子商务涉及的内容有很多，包括电子商务平台、电子商务交易、物流、信息流、商流、资金流等。对货物的仓储、运输、配送过程及这个过程中产生的信息进行管理，即为物流管理。智能物流在电子商务领域中的应用，能够加快物流中心与配送中心的运转，选择合理的物流渠道，精简物流过程，省略掉不必要的物流环节，缩短物流系统的反应时间。

另外，智能物流的涵盖范围较广，从垂直方向分析，上游的市场调研与分析、货品采购与订单信息管理，下游的货品配送、物流方案制定、物流信息查询、库存管理等都包含在内。未来，物流企业将打破智能物流与电子商务之间的界限。

在信息获取、信息传递、信息分析与挖掘、信息利用环节实现智能技术的深度应用，就能从整体上提高物流行业发展的智能化水平。在具体操作过程中，不同环节的技术运用方式是不同的，但其目标是一致的，即以智能化方式开展物流管理。而要提高物流行业的运营效率，就要充分发挥技术的推动作用，对现有的系统架构进行改革。

智慧冷链的七大主流商业模式

在生鲜农产品流通过程中，冷链物流扮演着关键的角色，而冷链物流具体包括仓储、运输、终端配送等多个环节。在消费升级、食品安全愈发得到人们重视等因素驱动下，冷链物流产业迎来快速发展期，吸引了各领域企业的积极布局。

目前，冷链物流中的企业主要包括四种：传统物流企业、自建冷链物流的生产商、专业冷链服务商、国外冷链企业在国内成立的合资企业。而对其冷链物流模式进行深入分析，可以发现，国内冷链物流模式主要包括以下几种，如图17-5所示。

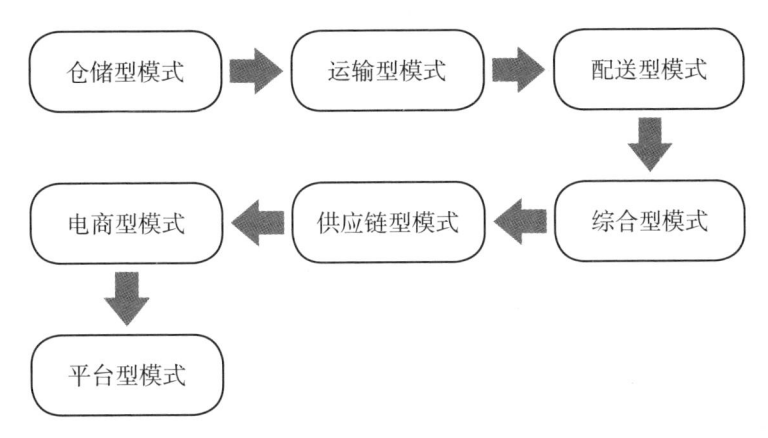

图17-5　国内冷链物流模式

◆ **仓储型模式**

仓储型模式的企业以货物冷藏业务为主，太古冷链和普菲斯是典型代表，需要建设大型仓储基地，投入成本高，头部企业通常是合资企业。

冷库是冷链物流的重要基础设施。冷库资源不足、分布不平衡、设备与技术落后成为限制我国冷链物流产业发展的重大阻碍。此外，行业集中度较低也是我国冷库行业存在的一个痛点，这引发了难以建立统一的行业标准、资源利用效率低下、恶性竞争等诸多问题。

◆ **运输型模式**

运输型冷链物流模式的企业以货物低温运输业务为主，干线运输、区域配送、城市配送是常见的三种货物低温运输业务。在采用该模式的诸多物流企业中，双汇物流、荣庆物流以及众品物流已经建立了一定领先优势。其中，荣庆物流是从传统物流模式转型为运输型冷链物流模式。而前两者都是从一家企业的物流部门逐渐发展成为物流企业。

双汇物流隶属于双汇集团，后者是一家以肉类加工为主的大型食品集团。众品物流隶属于河南众品食业股份有限公司，后者是一家专业从事农产品加工和食品制造，集科工农贸为一体的综合性食品企业。也就是说，双汇集团和河南众品食业股份有限公司都对冷链物流有旺盛的需求，在企业发展过程中建立冷链物流部门是很自然的事情，而随着冷链部门发展日渐壮大，逐渐演变成为专业的运输型物流企业。

◆配送型模式

配送型冷链物流模式的企业是最为常见的冷链物流企业，这类企业很多是服务当地市场的中小物流公司，主要承接超市供应商、生鲜电商、连锁餐饮配送中心、超市配送中心的冷链配送业务。

◆综合型模式

综合型冷链物流模式的企业主营业务为包括干线运输、城市配送、低温仓储等多种业务在内的综合业务，涵盖了仓储、运输、终端配送等多个物流环节，北京中冷、上海广德、招商美冷是典型代表。

◆供应链型模式

供应链冷链物流模式是一种现代化的冷链物流模式，通过对信息流、资金流、物流进行集中管理，将供应商、制造商、物流商、零售商整合到一个互联互通的网络之中，为从商品生产到终端采购的整个流通过程提供低温仓储、加工、运输及终端配送服务。供应链冷链物流模式在我国发展时间较短，大部分企业仍处于初级发展阶段。

◆电商型模式

生鲜电商产业的发展为冷链物流产业注入了重要推力，很多创业者和企业就是想要抓住生鲜电商的风口而切入冷链物流领域，由此诞生了电商型冷链物流模式。以菜鸟冷链为例，依托于阿里电商网络，菜鸟冷链为生鲜蔬果、水产冻肉等商品推出的全链路冷鲜物流服务，它通过建立全国冷链分仓体系，提高物流效率。在终端配送环节，菜鸟冷链可提供生鲜配送和冷链配送两种配送方式，以便满足不同物品的差异化需要。

◆平台型模式

平台型冷链物流模式主要是为了解决冷链物流行业存在的经营主体分散、服务质量参差不齐、供需错位问题而出现的一种新型冷链物流模式。它强调对物联网、大数据、云计算等先进技术的充分利用，建立"互联网+冷链物流"模式综合平台，让需求方和服务方精准对接的同时，还提供物流金融、保险等增值服务。

18 基于大数据技术的智慧冷链物流

大数据在冷链物流中的应用价值

近年来,在各行各业信息化升级、数字化转型的背景下,物流企业相继引入冷链技术、RFID技术等,并在设备终端安装传感器,利用传感器对产品进行跟踪监测,确定产品的位置,了解产品的状态,促使冷链系统不断完善。

近两年,为了增强自身的竞争优势,减少因突然爆发的新冠肺炎疫情带来的损失,一些物流企业积极引进冷链物流制冷技术和其他技术,对产品进行跟踪、定位及控制,获取大量信息,然后利用大数据技术对这些信息进行处理,将信息处理结果应用于各种效劳器终端,为客户提供更优质的服务。

虽然物流企业通过上述方式对很多数据进行了开发利用,但仍有大量数据没有得到充分挖掘,数据价值没有得到有效发挥。在这种情况下,物流企业很难利用小部分数据提高物流管理水平。在大数据技术的支持下，物流企业可以通过大量随机、不完整的数据对物流信息进行挖掘，从中提取潜藏的有价值的信息，为制定科学决策提供强有力的支持，为物流产业的发展提供积极的推动作用。具体来看，大数据在冷链物流中的应用价值主要体现在以下几个方面，如图18-1所示。

```
                          ┌─── 实现冷链信息实时共享
大数据在冷链物流          │
中的应用价值    ──────────┼─── 实现产品质量安全追溯
                          │
                          └─── 降低冷链物流运输成本
```

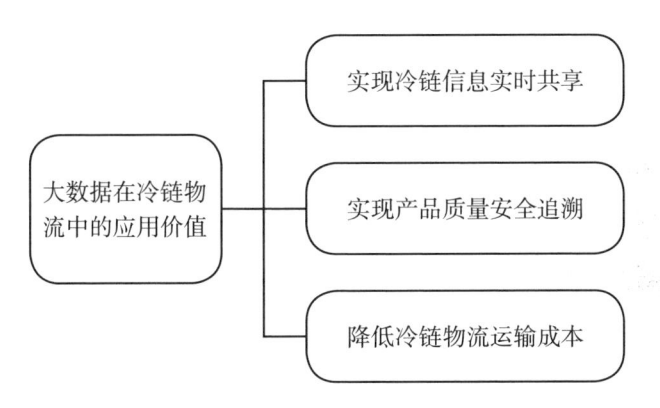

图18-1　大数据在冷链物流中的应用价值

◆ **实现冷链信息实时共享**

冷链物流运输的对象主要是生鲜农产品，这些产品大多具有时效性。为了减少产品损耗，物流企业需要对整个供应链进行合理调配。在大数据的支持下，这个过程变得更加简单、便利。例如，近两年，在疫情防控方面，冷链食品检验是一项重点内容，曾经有多次局部爆发的疫情与海鲜产品的冷链物流有关。在这种情况下，工商部门要求冷链物流企业严格按要求填写海关报关单，提供检验检疫证书，登记发货信息，提供旅客运输货物信息与收货人信息。同时，交通运输部门严格执行出入境、边境省区物流冷链系统公路货运司机的登记制度，与其他部门、企业共享信息，对冷链物流的整个运输过程进行追踪管理，切实保证冷链运输的安全。

在大数据时代，传统的冷链运输模式不再适用。因为传统的冷链运输模式会造成严重的资源浪费，产品损耗较大，环境污染问题比较严重，与可持续发展理念背道而驰，并且无法满足人们的多元化需求。在这种情况下，物流企业利用大数据发展智能冷链物流不仅可以解决上述问题，而且可以让冷链物流更加灵活，带给人们更极致的物流体验。

◆ 实现产品质量安全追溯

互联网技术还可以用来建设质量追溯体系。物流企业可以借助网络技术与现代化的冷链设备对货物信息技术平台进行全程监控，共享各类信息与资源，从而提高整个冷链系统的运输效率，推动冷链物流向着精细化、规模化、社会化的方向不断发展。

在互联网的支持下，产品可以从体验性、广泛性向知识性、专业性转变。未来，运输生鲜农产品的冷链物流还将整合市场资源监测、环境信息监测、作物生产精细管理、产品安全检测和可追溯性规划等功能，进一步加强对生鲜农产品质量与安全的管控，切实保障消费者的利益，增强消费者的消费信心，激励消费者的购买行为。

◆ 降低冷链物流运输成本

自改革开放以来，我国经济发展速度越来越快，高速公路网络的覆盖范围越来越大，进一步缩短了各地的距离。但随着小汽车、货车等不同类型的车辆越来越多，道路拥挤问题也越来越严重，给冷链运输带来了不便。

为了解决农产品在运输过程中的损耗问题，降低运输成本，提高运输时效，冷链运输尝试引入真空预冷技术、车辆自动温度控制技术、GPS技术、自动识别技术以及智能交通、信息技术、通信技术、大数据分析等技术，在运输过程中对车厢内的温度进行自动控制，减少产品衰变，减少企业损失，同时利用大数据技术收集车辆信息，合理规划行驶路线，减少运输耗时，将产品尽快送达目的地。在这个过程中，物流企业要与政府部门合作，共同加强冷链运输的基础设施建设，提高冷链运输技术水平，提高冷链运输效率，促使冷链运输的产业效益与经济效益实现最大化。

基于大数据的冷链物流配送

配送方使用冷藏车运送产品，在运送过程中，借助大数据分析平台，配送方可对车辆运送状态进行实时监控，客户可查询货物的运送信息，冷藏车中的配送人员可实时接收配送方的指令，调整配送状态，切实保证产品质量及安全。

具体来说，大数据在冷链物流配送中的应用主要体现在以下几个方面，如图18-2所示。

- 管理和监控冷藏配送车辆
- 优化和再优化配送路径
- 预判发货和预判到达

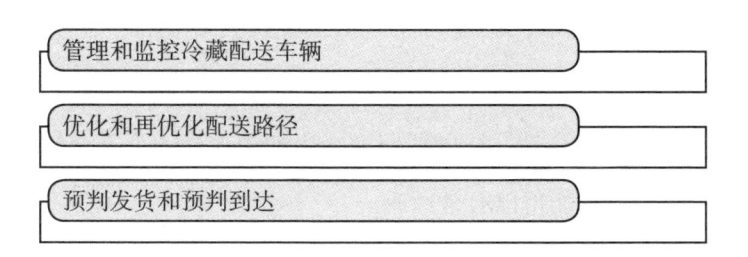

图18-2 大数据在冷链物流配送中的应用

◆ **管理和监控冷藏配送车辆**

在货物配送前，企业与其他企业建立合作关系，将自己存储的数据信息与行业数据结合构建冷藏车信息库，将车辆载重、容量、存储条件等信息收录起来。企业通过对这个信息库进行科学管理可以合理安排冷藏车辆，提升冷藏车的运输质量和效率，保证冷藏车实现充分有效运输。以此为基础，企业可以为每辆冷藏车及司机派发"身份证"，实现"一车一证"，对冷藏车及司机身份进行有效识别，以防止骗车骗货现象发生，为货物安全提供有效保障。

在货物配送过程中，通过大数据分析平台，配送方可对冷藏车的温度、湿度、行驶线路、行驶时间、停车时间、货物装卸等情况进行实时监控，还可以对驾驶员急加速、急刹车次数，经济转速区行驶时间进行准确计算，实现对冷藏车及货物的实时追踪与监控，以在意外发生时迅速做出反应，将损失降到最小。

在货物配送完成后，通过大数据分析平台提供的信息，冷藏车可对附近的货物进行收集，捎带货物返程，避免"空返"，从而使车辆利用率得以切实提升。

◆优化和再优化配送路径

为了降低运送成本，保证产品质量，配送人员要将产品交到客户手中。这样一来，企业就要对车辆行驶路线进行科学规划。目前，我国冷链配送线路规划都不甚合理，行驶线路完全由配送人员的个人感知决定。利用大数据，这种情况能得以有效改善。

在大数据环境下，企业可利用公共数据云提供的天气、路况等基础数据对冷链配送线路进行合理规划。这些数据涵盖了各种基础性的交通信息，比如城市各路段交通事故的发生频率，一天之中车辆在各路段通过的时间等等。利用这些基础信息，在动态与随机车辆路径规划模型的基础上，对各配送任务时间窗进行充分考虑，在最短的时间内生成初始的、最优的配送路径。

在冷链物流配送的过程中，以车辆在行驶过程中实时反馈的运行状态及公共交通云提供的公共交通信息为依据，利用在线动态车辆路径优化模型对车辆行驶路线进行实时调整，保证物流配送路线安排达到最佳状态。

◆ **预判发货和预判到达**

2013年，亚马逊的"预判发货"成功申请专利。"预判发货"就是通过对用户购物车、历史消费记录、商品搜索记录、在某商品页面停留时间等用户行为进行分析，对其购买行为进行预测，在用户下单前发货，以缩短物流配送时间，提升物流效率。亚马逊的"预判发货"吸引了很多企业模仿。

借助大数据分析平台，企业可对购买时间、购买次数、冷冻产品的数量、冷冻产品的品类等客户消费行为数据进行分析，让顾客消费行为与消费时间建立密切联系，在消费高峰期到来之前将产品送到消费地点附近，以便在消费高峰期到来之际让货物在最短的时间内配送到消费者手中，保证货物数量充足、质量完好。这种物流配送方式非常适合粽子、月饼、汤圆等消费时间比较固定、需要冷藏保鲜的产品使用。

亚马逊的"预判到达"就是利用大数据平台对车辆到达目的地后等待客户平均消耗的时间、目的地货物装卸时间、与客户交接时间等数据进行分析，提前通知用户前往目的地取货，让冷冻产品从"冷藏车"尽快转移到"冷柜"，缩短等待时间（车等人或者人等车的时间），节约双方的时间成本。

如果客户发出"延迟收货"的请求，配送方就可将这部分货物列入下一批货物配送名单，以减少目的地库存。另外，如果在配送途中遇到意外情况，比如暴雨、台风等恶劣天气或者交通事故，车辆就可以利用大数据平台将这些情况通知配送方及收货方，提醒他们最新的到货、收货时间。

在大数据时代，冷链物流行业的变革不只是技术变革，还包括思维模式及商业模式的变革。为此，冷链配送企业要做好准备，摒弃传统的思维模式，学习、形成大数据思维，紧抓大数据带来的机遇，积极应对随之而来的挑战，做好车辆管理，优化配送线路，做好预判发货，以切实提升冷链配送效率，保证冷冻、冷藏产品的质量。

基于大数据的冷链可视化监控

冷链物流智慧化离不开5G、物联网、区块链、人工智能、大数据、云计算等技术的支持，同时，数字化的冷链物流也是保障冷链商品从生产、运输到销售全过程安全的重要保障，有利于对冷链商品生产、加工、包装、装卸、运输、仓储、城配、陈列、到家等环节进行智慧化管理。

传统的冷链追溯系统只能追溯到生产企业，无法追溯到产品生产流通的各个节点。冷链物流系统实现数字化之后，可以对冷链产品生产与流通的各个环节进行追溯，让整个过程做到可视化、透明化。那么，数字化的冷链物流系统如何做到这一点呢？

◆移动化

数字化的冷链系统需要配备移动式设备对运输途中车厢内的温度进行实时监控，同时监测设备也要配备GPS模块，利用GPS和GIS技术确定车辆位置，对车辆进行合理调度。另外，由于冷链运输车辆在不同的场景中各点温度不均匀、不一致，需要进行多点监控。例如，出风口位置的温度可能比较低，靠近车门位置的温度可能比较高，需要实时监控，根据产品状态对温度进行调整。

◆ 标签化

标签化指的是为从车间到运输、仓储、销售整个过程的商品贴加标签，标签信息要全面，涵盖产品代码、产地管理、农户编码及流通环节管理等众多内容，对产品在整个生命周期内的安全情况进行监管与追溯。

◆ 多功能化

数字化冷链系统要配备预警系统，在运输开始前先设定温度、湿度指标。如果在产品运输过程中，车厢内的温度、湿度超出预设指标，系统就会自动发出预警。运输结束后，相关人员也可以对运输过程中车厢的温度曲线进行分析，找到温度、湿度明显低于预设指标的时间点，找到对应的地点，判断当时的环境，从而探究导致温、湿度变化的主要原因。

此外，数字化冷链系统还可以利用软、硬件系统与设备对环境温度进行智能化控制，利用控制类的标签设备对制冷系统进行控制，通过后台对冷库的温度进行实时分析，在需要制冷时远程控制制冷机完成制冷。

冷链物流企业通过硬件系统采集获得的大数据以及业务沉淀得来的大数据，可以利用算法与数学建模进行深度分析与挖掘，包括路径优化、智能调度、智能配载等，也可以进行数理统计与数据挖掘，包括用户画像、数据征信、供应链需求预测等，从而拓展数据应用思路，扩大数据应用范围，包括优化运输路径、对企业进行精准画像、对运力进行分层调配、对车辆进行智能调度、对供应链需求进行预测、对公路货运与交通情况进行宏观分析、开展数据征信与物流互联网金融等，进一步提高冷链物流的智慧化水平。

大数据、云计算与冷链物流信息化

农产品电商的快速发展对农产品冷链物流提出了较高的要求，但由于冷链物流信息化建设严重落后，给冷链物流企业发展造成了一定的制约。为了提升冷链物流的信息化水平，物流企业需要对大数据、云计算等新一代互联网技术与传统的RFID、GPS、通信网络进行集成应用。

农产品冷链物流企业信息化指的是冷链物流企业利用现代信息技术对冷链运输全过程产生的信息进行采集、交换、传输与处理，对农产品的流动过程进行有效控制，不断提高企业的竞争力，最终实现效益最大化。

具体来看，大数据与云计算技术在农产品冷链物流信息化中的应用主要表现在以下几个方面。

◆ **在生产加工环节的应用**

传统农产品生产、加工过程往往比较隐秘，即便出现质量问题、安全问题也不容易被问责。大数据、云计算技术的使用可以提高农产品加工、生产过程的透明度，为农产品溯源管理提供方便。企业可以利用大数据、云计算技术对所购原材料添加电子标签代码，并将代码录入专门的数据库，对农产品的整个生产加工过程进行监控，对农产品的生长状态、加工操作程序、操作人员、管理人员等进行实时了解，一旦发现质量问题、安全问题可以准确地确定责任人，并记录在案。另外，企业还可以利用已经掌握的数据对农产品的生产、加工过程进行预测分析，预防食品安全事故发生。

◆ **在仓储管理环节的应用**

企业可以利用大数据和云计算技术提高仓储自动化管理水平。企业可以在生鲜农产品的托盘与包装上贴加RFID标签，在冷库出入口安装智能读取器，自动读取并记录产品的出入库信息，减少人工操作，提高产品的出入库效率。企业可以在冷库安装感应器，对存储货物的数量、状态进行实时感知，对产品库存进行有效控制。总而言之，冷链物流企业通过应用大数据与云计算可以切实提高仓库的自动化管理水平，对仓储条件进行自动调节，提高仓储管理效率，降低仓储管理成本。

◆ **在信息共享建设中的应用**

冷链物流企业可以利用大数据、云计算等技术与冷链物流各环节的参与者共享信息，让他们相互协作，共同提高运输效率。在大数据、云计算的作用下，信息传输速度、计算速度大幅提升，信息失真情况得以有效缓解，使得冷链物流各环节的参与企业可以对农产品冷链物流各个环节产生的信息进行全面挖掘，全面提高冷链物流服务的质量。

综上所述，在农产品冷链物流过程中，大数据和云计算技术发挥着重要作用，为农产品冷链物流管理信息化提供了强有力的技术支持，极大地提高了农产品的质量，让农产品安全变得更加可控。

随着现代冷链物流理念与相关技术不断革新，冷链物流的基础设施建设不断加强，冷链物流的信息标准持续完善，我国农产品冷链物流在存储、配送等环节产生的信息将变得更加集中、统一，进而推动我国农产品冷链物流实现更好的发展。

第七部分
新零售供应链篇

19　新物流：数字化供应链变革与重塑

供应链4.0时代的来临

近年来，零售业高速发展，商品不断丰富，零售渠道持续更迭，消费者的消费需求愈发多元化、个性化，但零售的本质始终没有改变。只不过，零售环节承担的功能比较单一，只是将商品出售给消费者，要想带给消费者超出预期的商品和服务，还需要整个供应链发挥作用，这就涉及供应链转型的问题。也就是要在新零售时代构建一个全新的供应链系统。

供应链是由原材料供应商、生产商、零售商、分销商构成的网络结构，其目的是满足用户需求。随着科学技术不断发展，生产效率与效益持续提升，供应链模式也发生了较大的改变。过去，生产商在供应链中占据着主导地位；而今，供应链的主导者变成了零售商，供应链也从1.0时代迈进了4.0时代，如图19-1所示。

供应链 1.0 · 生产商主导的直线型供应链

供应链 2.0 · 中间商主导的网链型供应链

供应链 3.0 · 零售商主导的放射型供应链

供应链 4.0 · 消费者主导的平台型供应链

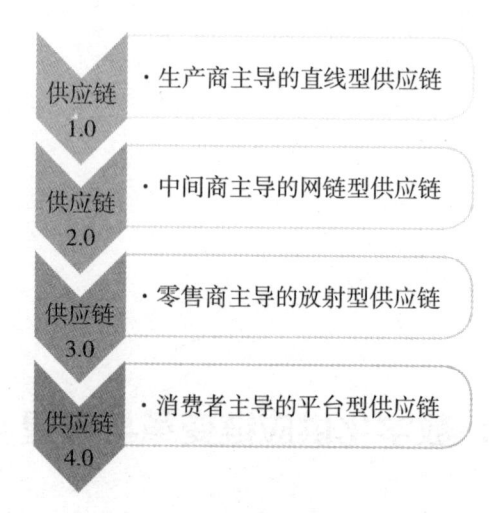

图19-1　供应链1.0到4.0时代

◆**供应链1.0：生产商主导的直线型供应链**

供应链1.0时代，零售企业采用的是计划供应链，这种供应链模式被广泛应用于计划经济时代，需求远远超出供给，不得不"以产定销"，由国家计委对消费品、生产资料的供应、结算、采购、物流等环节进行调控。

在计划供应链中，组织单位先确定生产指标，然后再编制销售计划。供应链围绕指标运作，生产标准化的产品，最后将产品通过供销社出售给消费者，整个环节没有中间商，商品流、信息流、资金流、物流都比较单一，整个供应链的结构也非常简单，是直线型拓扑结构，呈现出单链状。

◆**供应链2.0：中间商主导的网链型供应链**

进入供应链2.0时代之后，零售企业开始推行产品供应链。在那个时代，经济体制发生了较大变革，社会生产力不断提升，在此形势下，企业产能有了大幅提升，市场活跃度越来越高，商品交易愈发自由。

在产品供应链中，中间商越来越多，且逐渐占据了主导地位，通过将上游生产商、制造商的供给与下游零售商的需求相匹配，形成了一个相互协作、互惠互利、可实现资源共享的集成体。产品供应链围绕产品运作，呈现出网链状，物流、资金流、信息流呈现出多源单链状，兼具链状与网状的特点。在这种供应链结构中，中国烟草和香港利丰集团是典型代表。

◆**供应链3.0：零售商主导的放射型供应链**

供应链3.0是信息供应链。进入供应链3.0时代之后，社会经济发展水平有了大幅提升，商品不断丰富，开始呈现出供过于求的局面，消费市场从卖方市场转向了买方市场。随着物质文明不断丰富，人们的消费观念发生了较大的改变，对消费品质有了较高的追求，希望享受更优质的服务与购物体验。在此环境下，专卖店、购物中心、会员店等零售业态相继诞生，使消费者多元化、高品质的消费诉求得到了极大的满足。

信息供应链的运作建立在信息的基础上，按照市场需求制定生产计划，组织生产。一方面，在信息供应链下，零售企业根据市场需求确定商品产量、质量、规格、包装等；另一方面，在信息供应链下，单一品种、大批量的生产方式逐渐被弃用，零售企业开始执行多品种、小批量的敏捷生产。同时，随着互联网电商与物流快速发展，中间商的数量开始减少，供应链结构呈现出放射状。在这种供应链模式下，沃尔玛、永辉超市等是典型代表。

◆**供应链4.0：消费者主导的平台型供应链**

供应链4.0是价值供应链，价值供应链运转建立在创造客户价值的基础上，致力于使生产、物流、零售达到高效协同，构建一种可实现资源共享的、互利共赢的生态体系。随着消费不断升级，消费需求愈发多元化、个性化，而且变化极快，出现了很多细分的利基市场，形成了"长尾模式"。在此形势下，供应链开始高度整合，各主体之间开始相互协作，通过一定的商业逻辑建立了更加紧密的联系，构建了一个可以高频次交换数据的平台。

在这个平台上，数据可以实现"热备份"，实时上传到云端，还可以借助云计算技术在供应商、零售商、生产商之间发送指令，对资源进行高效、合理分配。整个价值供应链以大数据为基础进行运作，以需定产，呈现出平台化的特点。在平台型供应链构建方面，亚马逊、阿里巴巴等掌握了海量数据、拥有强大计算能力的企业优势明显。

新物流：数字化供应链的特征

数字化供应链是一种通过运用物联网、大数据等数字技术打造出的具备网状结构的新型供应链。数字技术的发展，为零售供应链创新与完善奠定了坚实基础，为创业者和企业提供了全新的掘金机遇。在传统零售模式中，供应链运行效率低下，企业主要是通过产品（功能、材质、价格等）来和竞争对手实现差异化，但产品很容易被模仿，企业很难建立核心竞争力。

而新零售模式中的数字化供应链将更为精细化、集成化，为企业从服务、效率、体验、创新等维度实施差异化提供了广阔的想象空间。企业可以将供应链任何一个环节作为切入点和竞争对手进行差异化，从而建立竞争优势。数字化供应链具备以下几个方面的特征，如表19-1所示。

表19-1 数字化供应链的特征

主要特征	具体内容
7×24小时服务	整个供应链处于永远在线状态，可以为需求者实时提供服务
互联社区	数字化供应链将打破传统供应链的线性流通模式，使各环节企业都能互联互通，并成为密切合作的生态伙伴
数据驱动智能	通过数据分析使供应链各环节企业智能决策，提高企业经营管理水平，创造更高的经济效益
端到端可视化	利用物联网、传感器等技术与设备，用户能够对商品流通整个过程进行实时追踪，使其放心购买
整体决策	供应链各环节企业高效协同合作，共享数据等资源，使决策更具整体性、科学性

以阿里巴巴旗下的菜鸟网络为例，技术驱动是菜鸟的企业定位，自创立初期，菜鸟就开始致力于将自己打造成为一个"数据驱动、社会化协同的物流及供应链平台"。

在具体实施过程中，菜鸟积极为合作伙伴提供技术方面的支持，例如，在大型电商促销活动期间，通过进行数据统计与分析，为商家提供商品需求预测服务，预先制定合理的商品仓储及配送计划，及时补货、调货，保证产品的正常供应。菜鸟网络是由阿里巴巴集团、银泰集团联合复星集团、富春集团、申通集团、圆通集团、中通集团、韵达集团等共同组建的开放型平台，以联盟方式将国内主流重量级物流企业集中到一起，并与EMS等达成合作关系，为国内上千座城市提供"当日达"、"次日达"服务。

另外，菜鸟物流运用人工智能、物联网等先进技术对传统物流服务进行改革，在加速物流运转的同时，还能实现成本节约，并达到了提升用户体验的目的。

比如，菜鸟与北京航空航天大学无人机团队、点我达、一汽解放等企业联手，合作进行无人设备的研发及规模化生产，建设新一代智慧物流网络，利用无人机、无人车推动现代物流行业的发展。强大的技术力量，以及开放协同型平台的支持，让菜鸟物流能够突破自身所在领域的限制，放眼于整个社会的发展，并将服务范围拓展至世界各地。

这种数字化供应链对提高企业价值创造能力的作用是显而易见的。比如，数字化供应链使消费者可以更为方便快捷地获取产品的多维度信息，从而使其真正认识到产品之于自身的价值，激发其购买欲；整体决策有效避免了传统供应链模式中的重复建设、资源浪费等问题，降低供应链运行成本，提高企业利润率。

在电商行业发展过程中，物流发挥着不可替代的作用，不仅如此，物流服务的提供能够对电商消费用户的体验产生直接的影响。所以，在新零售时代下，作为电商发展支撑的物流业也要从行业要素、流程及场景方面进行改革，向数字化方向迈进。

通过实施数字化转型，物流行业能够进一步满足新零售的发展需求。传统模式下，物流行业更侧重于业务规模的拓展，如今则更加注重提升效率。比如，以往，国内消费者从下单到拿到自己在电商平台购买的商品通常要超过四天的时间，在智慧物流时代，物流服务平台借助先进的技术工具能够加速系统运转，将快件、包裹更快地送达消费者。

新物流通过利用大数据分析技术、算法模型等，能够有效改进物流行业运营的各个环节，打造完善的物流网络体系，提高企业的库存管理能力，选择最优配送路线，为商家在高峰期的产品销售提供有效的供应保障。未来，物流配送的精准度会进一步提高，围绕用户需求进行服务升级，持续提升用户体验。

综上所述，新物流的发展既体现为菜鸟启动的新物流赛道，也体现为其他智慧物流枢纽的建设，以及日臻完善的国家级智能物流骨干网络。从根本上来说，所谓"新物流"，就是通过利用先进的技术工具推动行业的数字化改造与升级，在改革过程中不断优化服务，进一步满足新零售的发展需求，追求极致的用户体验。

新零售时代的供应链变革

供应链变革深受商业变革的影响，对于供应链转型来说，消费、零售、技术都是非常重要的影响因素。

◆ **消费的拉动——新长尾模型**

根据经济学理论，消费者有两种发展倾向：一种是"巡游花车"，也就是大众需求；一种是"自命不凡"，也就是小众需求。根据这两种倾向，进入互联网时代之后，消费需求会呈现出长尾效应，也就是大众需求集中在头部，称为流行市场；小众需求集中在尾部，具有零散、小量的特点，在需求曲线上表现为一条长长的"尾巴"，长尾效应由此而来。长尾效应取决于数量，也就是所有非流行的市场叠加在一起会形成一个大市场，其规模会超过流行市场的规模。

进入新消费时代之后，出现了一个新的消费群体，消费需求呈现出多元化、极致化的特点,小众需求被不断细分,出现了很多划分精细的细分市场,"长尾"被无限拉长,"新长尾模型"随之诞生。在此形势下,零售企业必须精准定位每个细分的用户群体,甚至要了解每位用户的需求,为其提供个性化、定制化服务。

为此,零售企业必须设计一条柔性化的供应链,让这条供应链上的每个环节(包括设计、生产、分销、制造、物流等)都更加灵活。面对不断变化的消费需求,传统的供应链模式不再适用,大规模定制开始流行,供应链模式变革与转型成为大势所趋。

◆ **零售的倒逼——零售渠道云转型**

进入新零售时代之后,数据与商业逻辑结合得愈发密切,传统零售业态不断变革,新型服务商应运而生,零售新生态随之形成。最终,零售业会转变为人人零售,即零售业可以在任何场景、任何条件下与任何业态相融合。届时,"人—货—场"将得以重构,零售渠道将实现"云"转型,在大数据的驱动下,线上线下一体化模式将随之形成。

线上线下一体化模式指的是线上网店与线下实体店有机融合的双店模式,可将线上消费者引向线下实体店,也可将线下实体店的消费者引向线上网店,打通线上、线下渠道,让两条渠道实现资源互通、信息互联,从而实现全面增值。

在工业经济时代,整个商业体系划分成了两大市场:一是流通、批发与零售市场,一是生产、制造与经营市场。但进入互联网经济时代之后,随着互联网平台出现,生产、销售、消费市场全面打通,零售的关注点要从单纯的销售转向批发、制造、设计等多个环节。

在供应链上,随着前端零售成为消费数据的采集触点与用户体验中心，可以开始向供应链上游延伸，通过创新产品设计与营销策划来不断提升服务能力，为消费者提供更优质的服务。如果零售企业只停留在零售端，必将陷入发展困境。在新零售环境下，不只供应链的前端需要向上游延伸，后端也需要转变，成为服务于终端的集大成的平台。

随着中间商、供应商、生产商逐渐整合，生产、销售有望实现一体化，也就是有望通过经营、联营将生产企业、销售企业串联到一起，构建一个垂直的销售系统。如此一来，供应链不断变短、变轻、变快，从而对消费者不断变化的需求做出快速响应。

◆ **技术的推动——新工业革命**

在新技术的支持下，供应链能力将持续提升。随着移动互联网、人工智能、二维码、智慧物流等新技术在零售行业广泛应用，新的商业基础设施将不断完善，供应链不断发展，信息革命有望随之爆发。

一方面，随着大数据、RFID、云计算等技术快速发展，零售企业收集数据、处理数据的能力将不断提升，有望准确绘制消费者的全息画像，切中消费者的需求痛点，真正做到"以人为本"，"以消费者体验为中心"。

也就是说，新零售建立在大数据、云计算、人工智能等技术的基础上，没有这些技术支持，新零售就无从谈起。同时，在零售实现数字化之后，消费者只需一部手机就能进入零售场景，零售、设计、生产、制造、物流等都将发生重大变革。

另一方面，随着人工智能、3D打印技术、物联网技术不断成熟，C2B定制化生产有了实现的可能，柔性生产、大规模定制、敏捷制造等制造模式都有可能落地实现。为了满足消费者持续变化的需求，推动零售行业进一步发展,供应链变革势在必行。云计算、大数据等新技术的发展不仅为供应链变革提供了无限可能,还为供应链变革产生了持续推动作用。

云计算驱动的供应链转型升级

进入新零售时代之后,供应链4.0将不断实现云化,数据、资源将不断在云端汇聚,由集线器通过云计算对供应链的运作进行控制。最终,整条供应链将由零售端、生产端和云端三部分构成,以数据为链接媒介,以云计算为核心驱动力,为消费者提供超出其预期的服务与购物体验,吸引用户主动为体验买单。

进入供应链4.0时代之后,传统的供应链将转变为云供应链,零售端、生产端将数据实时上传到云端,然后由云端向生产端发送指令,由生产端按照需求制定生产计划,交付产品。完成变革后,整个云供应链的三大主体都将拥有新内涵,即零售端将发起场景革命,生产端将推出私人订制服务,云端将成为整个供应链的数据控制中心。

◆ 零售端:场景革命

在云供应链环境下,零售端将创造很多消费场景,比如百货公司、大卖场、便利店、线上商城、网络直播、移动设备、VR设备、智能终端等。在这些消费场景中,消费者数据会实时上传到云端,线上渠道、线下渠道被打通,各个碎片化的消费场景与零散的消费环节将实现深度融合,消费者将打破时空限制,随时随地购买任何形式、任何种类、任何数量的商品,然后通过线上或线下的方式完成商品交付,享受极致的购物体验。

具体来看,场景有两大功能:第一,收集消费者数据,记录消费者所有的行为数据、消费数据实时上传到云端,让消费者几乎可以随时在线;第二,与消费者游戏,吸引消费者驻足、进入店铺、购买商品、体验服务。从本质上看,数据就是为了还原用户的真实需求,通过场景运营,数据的本质将全面展现出来。

以国美为例,国美发起的场景革命与全零售生态圈都以国美电器为入口,通过全渠道构建不同的消费场景,然后再通过不同的渠道、场景、服务、体验与消费者建立链接。未来,国美线下门店将引入影院、电竞、网咖等不同的业态,构建一个横跨多个业态的休闲娱乐场景,与客户群体年轻化的发展趋势相适应,满足年轻客户群体多元化的需求。为此,门店还可创建餐饮场景,开设烘焙课堂,以吸引更多消费者进入门店,享受优质的购物体验。

◆ **生产端:私人订制**

过去,在传统的技术条件下,零售企业很难精确地绘制消费者画像,各种调研活动掌握的消费者数据都比较模糊。而在新零售环境下,以大数据云平台为基础,零售企业可对消费者需求进行深入挖掘,精准地掌握消费者的性别、年龄、收入等基本特征,根据这些信息绘制消费者全息画像,全面掌握消费者需求,为消费者提供完全定制化生产的产品和服务。随着技术快速更迭,生产商大规模定制化生产有了实现的可能。

红领集团旗下的酷特智能已推出私人订制服装的业务,经过13年的努力，建立了一个规模庞大的数据库，这个数据库拥有上百万版型，可以满足99%的人的体型需求，真正实现个性化定制，做到"一人一款，一人一版"。个性化定制的关键在于按照客户的体型为客户量身定做服装，掩盖客户身材方面的缺陷，将客户身材的优点凸显出来。

◆ **云端：数据控制中心**

进入新零售时代之后，对于零售企业来说，原材料、劳动力都不再是稀缺资源，数据愈发珍贵，成为企业最重要的资产。对于零售商来说，数据是设计产品、生产产品的重要素材，用户是一系列碎片化数据的集合。根据这些数据，零售企业可以为用户提供最契合其需求的产品与服务，为其提供超乎预期的购物体验。

根据上传到云端的海量数据，控制中心不仅可以将用户线下真实生活、线上数字生活的轨迹还原，还能理解用户数字化、精准化、智能化的需求，对其行为进行预测，真正实现根据用户需求生产内容。除此之外，控制中心还能通过云计算技术让资源与需求实现精准匹配，生成定制化的指令发送给生产端。如此一来，云计算能力就变成了供应链的核心竞争力，市场也将成为在数字经济基础上建立起来的统一市场，打破了传统的商业逻辑。

在这种市场环境下，消费者可以通过提供个人数据体验不同的消费场景，为体验打分，同时也为体验买单。在这种情况下，数据可以从各个方面为生产、零售、消费赋能。

综上，云供应链是以用户为中心建立起来的供应链系统，通过数据赋能可以打造实时在线的消费场景和可以提供定制化服务的高效流通链。消费场景的打造也好，数据挖掘与云计算也罢，都是在新消费需求的背景下产生的，可以为用户提供优质的商品和服务。未来，通过云供应链，"所想即所得，所得即所爱"的消费愿景或将成为现实，当然，反之也成立。

20 实践路径：构建新零售供应链模式

数字战略：未来的零售供应链

进入新零售时代以来，线下零售门店的功能愈发丰富，从单纯的购物功能逐渐转变为集社交、购物、体验、物流、服务等多种功能于一体，零售商也逐渐从单纯的商品售卖者转变为以商品为核心的数字化、信息化供应链体系的组织者与主导者。在此形势下，所有企业都必须做出改变，不断地向新零售、新供应链迈进。在这场变革中，供应链变革是关键，我们将变革之后的供应链称为新供应链，下面对新供应链的特征和要求进行具体分析。

受新零售数字化属性的影响，新型供应链表现出了三大特征，如图 20-1 所示。

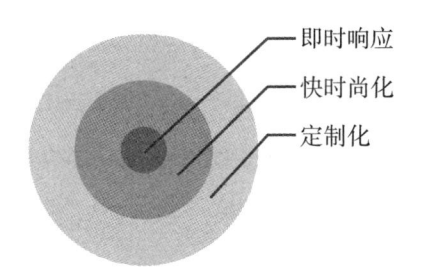

图20-1 新型零售供应链的特征

(同心圆图自外向内标注：定制化、快时尚化、即时响应)

◆ **即时响应**

过去，商品从厂家流通到消费者手中需要经过多个环节。自电商出现以来，这一流通过程有所改变，但这一流通渠道的特征并未得到彻底颠覆，B2B2C面临的横纵向整合仍十分复杂。未来，供应链链条上的各个环节都将实现数字化，客户、物流、支付、服务等环节无一例外。在很多场合，实物都将虚拟化，同时，在数据链的作用下，实物库存将不断优化，零库存有望成为现实。届时，供应链可对市场变化做出实时响应，推动整个价值链实现变革。当然，即时响应体现的是对商业效率的极致追求。但从现实情况看，在传统零售向新零售发展的过程中，实物商品品质内容不足、交付时效性差仍是主要问题，作为零售变革的战略要求，零售企业仍要努力推进即时响应。

◆ **快时尚化**

现阶段，品牌的生死存亡在很大程度上取决于供应链的适配逻辑与时代逻辑。过去，供应链的适配逻辑比较滞后，受商品同质化、低颜值、上货慢等因素的影响，零售行业出现了结构性库存问题。为了适应新的客户群体，满足客户群体的新需求，供应链势必要做出一定的改变。

未来，零售行业的商品、内容、服务将愈发丰富，新零售在产品时尚化、个性化、适应性、更新率、流行度、动态化、性价比等方面的要求都将通过快时尚体现出来。目前，随着各领域的数字化进程持续推进，柔性生产、大规模定制、敏捷制造、精准预售等业务都将成为现实，在这个过程中，快时尚不仅是驱动力，还是结果。

在快时尚领域，优衣库、ZARA、H&M等品牌是典型代表。过去，这些品牌通过管理、高效组织实现了服装领域的快时尚化；未来，生鲜、百货、食品等业态供应链的快时尚化也将成为现实。

◆ 定制化

在响应供应链方面，定制是最高级别的要求，体现了新零售多个层级的能力，包括对客户进行精准识别，与客户建立紧密链接，构建3D或其他小批量生产支持体系，对配送链进行近距离识别，推出限时送达服务等。对于零售企业来说，实现大规模批量生产与个性化定制的协调统一是最高追求。

从现实情况看，目前，供应链企业正在通过与全球优质源头合作及品质化、去中间化打造卖点。在现代技术手段的支持下，零售企业可从上述三个环节出发做好品牌建设，创建品牌价值，提高供应链效率。

未来，所有零售商都有可能与全球优质源头对接，直接采购，只不过会增加成本，降低生产效率。为了解决这一问题，现阶段，越来越多的零售商开始推进基地建设，建立产端战略合作，只不过平台规模不同。而要想构建一个真正高效的新零售供应链，必然要不断提升产端、渠道、客户一体化的效能，无论是进口还是国产，也无论距离远还是近。

模式重构：搭建数字化供应链

目前，整个社会处于消费升级阶段，市场环境不断改变，在此环境下，新零售业态应运而生。其实，从本质上来看，消费升级就是需求升级、体验升级。也就是说，新零售的主要任务就是用新型零售方式满足消费者不断升级的需求。在新零售环境下，所有产品与服务都是为人服务，都是为了满足人的需求，线上线下渠道融合也在于此。

零售企业通过线上线下融合，采用多场景、多应用、多终端的方式定位目标消费群体的需求，通过场景供应、应用供应、终端供应为消费者提供优质产品，以切实满足消费者对线上便捷消费、线下愉悦购物的需求。

随着消费内容不断改变，要想做好新零售供应链建设，必须满足三个要求。

◆ **商业内容体系重构**

新供应链建设必须先解决商业内容体系定位问题。只有明确商业内容，才能做好供应链建设。近几年，零售市场上的各类专业店越来越多，满足了新零售对专业和效率的两大需求。其次，新零售供应链建设必须打通各个运营体系。在商超领域，每个商品都有自己独特的供应链逻辑，生鲜产品更是如此。

生鲜产品的配送难度非常大，基地采购、自营种植、市场采购、跨国贸易，每个环节都有自己的逻辑。在生鲜产品从源头采购到运往零售店铺销售的过程中，存在严重的管理体系脱节、企业运营思维老化的问题。

新零售供应链应具备技术、资本、云处理、协作的内涵，不只是一家企业源头的尝试，应该是数家企业U盘式即插即用或渔网式的协作系统。

◆ 数字化改造

对于零售行业、供应链来说，数字化改造本身就是一大挑战。所有的企业都想发展壮大，但都面临着一系列历史问题与现实困扰。

比如，在与供应商共享信息方面，有些零售企业担心无法再获取通道利益，所以有选择地向供应商开放了部分数据。再比如，在财务、结算、物流、库存等方面，供应商层级较多，在与终端合作方面存在很多灰色地带与断点认知，零售企业数字化、供应链数字化、智慧零售的实现都需要转化思想，这个过程非常漫长。

在目前的零售行业，从源头生产到终端消费存在很多断点，未来必须实现一体化的数字化改造。比如超市生鲜，如果从产品源头进行采购，就必须寻找可实现源头数字化的供应商，如果供应商没有实现数字化，也要通过对自身进行规范开展数字化管理，使产品生产、加工、运输、存储、销售等过程做到一目了然。

对于新供应链来说，数字化改造是必须完成的任务。在这个过程中，供应商要不断革新思想，积极使用新技术，比如移动互联网、人工智能、RFID、智慧物流、二维码、大数据、云计算等，对原有的供应链体系进行数字化改造，完成新供应链体系的构建。

◆ 新发展模式实施

新发展模式的推行和实施需要借助社会各界的力量，包括国家产业政策、资本市场、平台型企业等。

目前，对于新零售、新供应链，很多企业都只知其名，没有形成系统性认知，对未来的商业整合、云式发展、资本互溶、全渠道贯通、业务协同缺乏信心。未来，在各种新技术的推动下，整个商业体系的运行效率必将得以大幅提升，在此趋势下，行业、企业都将受到影响，供应链也要经历这样一个过程。

要对供应链进行数字化改造，企业必须在器具标准化、传感器数字化、供应链数据采集、设备设施投入、运营维护等方面投入巨大的财力、物力，实现起来非常困难。再加上，目前，几乎所有传统零售企业都陷入业绩难以提升的困境，成本问题的解决需要投入大量人力、智力资源。

新供应链的构建存在一定的风险与难题，比如缺乏创新型人才、思想缺位、方法不足等。目前，我们只能判断新供应链的发展趋势，要想对新供应链环境下的人、货、场进行全面解释，还需要行业进行深入探究。

供应链变革，新供应链的构建为新零售的发展奠定了扎实的基础。新供应链的构建无法通过改变装修、调整包装、显性营销实现，必须从内到外进行数字化变革，开展专业的运营活动，为内容、模式体系等方面的问题提供有效的解决方案。

组织重构：动态响应消费者需求

根据波士顿咨询研究提供的数据，早在2010年，在社会群体中，中高收入群体占比只有7%；到2020年，这部分群体占比将达到30%，其消费额在社会消费总额中的占比也将达到55%。随着市场环境不断改变，消费者需求也将不断升级，消费渠道碎片化、消费需求个性化、消费场景多元化的特征将愈发明显。

经济增长主要受内需拉动，而消费需求就是内需。近年来，为了扩大内需，国家出台了一系列政策，比如供给侧结构性改革等，以期使产业上下游相互协同，通过供给端的及时匹配与创新使整体经济结构实现优化调整。

供给侧生产供应链的形态会对服务效率产生一定的影响。供给侧结构性改革的目的是更好地为消费者服务，满足消费者的需求，改革的关键在于以用户为中心，利用互联网基础设施，通过对现有的资源进行优化配置，提高服务效率，改善用户体验，降低成本，为消费者提供有效的解决方案。对于供应服务方式改革来说，零售企业根据用户的潜在需求与隐藏需求，为用户定制产品与服务，将产品与服务在正确的时间送到正确的地点是重点。

在整个过程中，对目标消费群体的需求进行挖掘可以切实把握供应链的产品结构，对消费需求进行预测，做好供应链的规划设计与物料供应管理，为供应链金融问题提供有效的解决方案。下面，我们从六个方面对新零售环境下供应链的重构进行解析。

目前，用户对显性需求提出了越来越严苛的要求，在复杂的商业环境下，隐性需求被激发的可能性越来越大。立足于消费需求升级，零售企业创造了一系列新型的经营方式，比如产品升级、品牌升级、渠道升级等，这些方式可满足消费者不断升级的消费需求。

为了让市场趋于平衡，必须让价值需求与价值创造相匹配，其中，价值创造要建立在价值需求的基础上。随着价值需求逐渐个性化、多元化、情感化、专业化，相应的价值创造也要不断升级。为了满足这些持续升级的消费需求，企业要对自己的产品结构与组织结构进行持续调整。

组织升级是为了提高承接任务的质量与效率。在消费升级的市场环境下，消费者的消费需求持续变革，愈加复杂。为了更好地满足消费者的这些需求，企业要构建更加灵活的组织结构。在新的市场环境下，组织结构升级要做好以下几项工作，如表20-1所示。

表20-1　新消费时代的组织结构升级

序号	组织结构升级
1	零售企业要根据消费者需求生产价值性产品
2	零售企业要对不断变化的市场需求做出及时感知与了解
3	企业内部各部门之间，企业与外部环境之间要相互交流、融合
4	零售企业要更好地承接、执行企业战略

通过内部组织的重构，企业可以更好地承接上述任务，推动供应链升级，为商家赋能。在此基础上，企业的组织结构将逐渐演变为网状结构，通过网状联结对市场变化进行感知，推动企业与外部环境相融合。比如，在新零售环境下，阿里巴巴不仅对内部组织进行重构，还将使商家、供应商、渠道商、服务商、物流商通过人、货、场的重构建立新的连接，与阿里生态形成联动。

除此之外，为了推动组织结构升级，企业还可推行小组制、产品型社群等社群形态组织及利润中心制。其中，通过产品型社群，企业可将相关用户聚集在一起，与用户开展零距离交流与互动，对用户需求进行全面感知，生产出符合用户需求的产品。通过小组制，企业可有效应对用户多元化的价值需求，创造出更多类型的价值产品。通过利润中心制，企业可以利润为导向，实现利润目标。

渠道重构："人货场"智能匹配

消费者需求要通过产品来满足。迄今为止,产品几经升级,升级路线大致为简单的功能性产品——情感化的专业性产品——多元化的创新型产品——个性化定制产品。在消费升级环境下,不断升级的需求需要不断升级的产品来满足。

在当前的市场环境下,消费者对情感化专业性产品及以上层级的产品提出了较高的需求,非常注重产品的细节化体验。随着产品形态与市场形态高度匹配,产品生产效率的提升需要通过供应链管理实现,这里的供应链管理包括生产管理、库存管理、供应管理、分销配送管理等,通过供应链管理让产品与用户需求实现高效匹配。

具体来讲,在生产管理方面,企业要充分利用不断升级的组织结构对用户需求做出全面感知,通过建立信息平台与大数据平台让企业与用户建立连接,不断地积累数据、分析数据,对目标用户的潜在需求进行深入挖掘,从而有针对性地组织产品生产。产品生产要对3D打印、物联网等技术进行有效利用,不断提升产品生产效率,促使企业与用户实现高度协同。

在供应管理方面,零售企业要根据消费者需求建立标准化、流程化的供应关系;在库存管理、分销配送方面,零售企业要建立数据化、信息化的库存管理与分销配送体系,通过对各个渠道进行整合实现互联互通,提高配送效率,将产品库存降到最低。

线上、线下融合是为了让物流、信息流、资金流实现有效融合,提升商品生产、流通、服务等环节的效率。目前,线上、线下融合可利用的工具非常多,比如智能移动可穿戴设备、Wi-Fi设施、iBeacon设备、二维码等，利用这些工具，零售企业可通过多条渠道收集活动数据。通过数据平台，线上、线下的供应链数据、分销数据、物流数据等都能实现共享，通过线上、线下的数据协同，供应链可实现高效匹配。也就是说，零售企业可通过线上、线下工具对目标用户的行为数据、需求数据进行收集，以需求数据为基准，通过自我价值创造，为用户提供符合其需求的产品。

线上、线下融合的目的是更好地实现"人、货、场"的匹配，达到人在其场、货在其位、人与货相互匹配的效果。

◆ 人在其场

"人在其场"，指的是零售企业要对目标消费群体的活动场景、消费场景进行充分挖掘，以更好地满足消费者多场景的购物需求。随着消费不断升级，消费者产生了随时随地购物的需求，为满足这一需求，企业推出了线上、线下全渠道定向铺货的方式。具体来讲就是，首先，零售企业精准定位消费场景与目标消费群体，通过物联网、移动设备与目标消费群体建立连接，将其需求及消费数据实时传送给生产企业。然后，生产企业根据这些数据采购所需物料，组织生产制造与物流配送，打造一个标准化、信息化的生产供应流程，以需求带动生产，构建一个柔性化的供应链。

◆ 货在其位

"货在其位"，指的是对目标消费群体的行为特点、消费习惯、消费特点进行全面把握，根据消费者特征进行全渠道铺货，打造多元化的产品以满足消费者多元化的需求，以柔性的供应方式满足消费者不断变化的需求。在这里，柔性供应强调两点内容：一是根据用户需求组织生产与供应；二是建立企业内部、外部的生态平台，根据消费者需求为其提供合适的产品，真正实现"订单未下、物流先行"。

◆ 人货匹配

"人货匹配",简单来说就是为目标消费群体提供符合其需求的产品与服务,用简单的功能性产品满足消费者基础性的需求,用情感化专业性产品满足消费者情感性的需求,用多元化创新产品与个性化定制产品满足消费者多元化审美认知需求与独特的价值需求。

C2B模式以消费驱动生产,使生产、供应、销售等环节更加协调,增进了生产端与需求端的连接与融合。在C2B模式下,价值链条不断缩短,供应环节持续减少,产能过剩问题得以缓解,"去库存"得以有效实现。

生态重构:构建共生共融的零售生态

在当今的市场环境下,大企业要实现可持续发展必须转变为生态平台,小企业要积极融入生态平台。在生态平台,供给方与需求方自由连接、灵活匹配,平台企业只需根据预先设定的规则为客户提供增值服务,为平台赋能即可,这里的规则包括进入规则、服务规则、匹配规则、竞争规则等。或者,平台企业可以依据合作共赢、共享共担的理念构建产业互联网生态平台,将产品研发、生产、交易、流通等环节汇聚于此,在大数据、物联网、云计算等技术的支持下,对企业生产、供应模式进行重构,让企业与外部价值相关者相互协同。在这个过程中,企业可将短板业务或非核心业务外包出去,或者通过战略合作开展价值创造活动。

在企业内部与外部的供需管理中,对客户、供应商、生产商、服务商之间的关系进行协调,使其价值达到平衡是关键。企业内外部生态平台的构建就是为了达到这种平衡。那么,零售企业要如何构建这种生态,开展生态运营呢？

◆ 线上线下全渠道感知需求，提供价值性产品

企业内外部生态平台的构建需要秉持连接与融合思维，线上、线下融合也属于生态运营。具体来看，线下、线下融和可利用移动互联网，通过线下多场景观察，线上多社交平台内容的分析与传播，对消费者需求进行感知，然后根据消费者需求向其推送产品与服务，或者通过线上线下融合形成的全渠道进行产品定向分销，利用智能设备，通过数据化运营，使供需实现精准匹配。未来，这种方式将成为单品运营的主要方式。

◆ 全品类产品的提供

零售企业通过建立B2B网络平台运营全品类产品，让全品类产品与全客群需求自由对接。平台企业立足于消费者的核心需求构建有较强吸引力的服务平台，通过对企业上下游资源进行整合，为相关用户提供深度服务，利用现已积累的数据对产品供应流程进行开发，缩短产业价值链条，降低产品供应成本，使产品运营效率、服务效率得以切实提升。除此之外，企业还可以通过与其他企业建立战略联盟实现业务互补、资源共享。比如，物流企业与商品运营企业开展战略合作，或者不同品类的商品之间开展互利合作。

在新零售环境下，零售企业可以通过互联网基础设施让人、货、场建立有效连接，利用大数据、云计算、智能终端对商品浏览、在线交易、仓储配送、数据挖掘、生产制造等环节进行重构，借助生态思维与相关技术促使多平台的业务实现相互融合。在仓储方面，零售平台可以通过与品牌商合作构建分布式仓储体系。

另外，在新零售环境下，未来的产品制造与传递或将通过小组织与利润中心制相结合的方式实现,同时也将通过共享众包等思维进行供应改革,从而构建一个高效、公开、透明、安全的供应网络,促使供给与需求实现高效匹配与融合。

21 同城配送：新零售时代的物流新战场

新零售驱动的城配新格局

我国经济的持续稳定增长，以及开放程度日渐提升，广大民众的物资需求愈发个性化、多元化，为快递业的迅猛发展注入了巨大推力。其中，同城快递是快递业的一个重要细分领域，承担着终端配送的重要职能，配送速度和个性化服务是其两大关键点。

新零售的兴起，以及共享经济模式的普遍应用，对零售行业的发展提出了新的要求，促使城配企业进行改革。数据统计显示，在传统供应链模式下，国内商品在生产完成之后，需要经过7次搬运才能到达终端消费者，这个过程中要耗费许多人力及资源成本，且无法保证消费者的体验。

在新零售时代下，基于云计算与现代管理的云仓快速发展起来，多仓配送逐步取代了以往的单仓配送，能够将商品送达消费者手中需要经历的搬运次数减少至3次。而在这个过程中，商品从仓库运送到终端消费者

（即末端配送）环节的运营，会对消费者的体验产生很大影响，与此同时，大多数企业都对末端配送存在需求。

从用户角度来看，用户普遍期望获得安全、便捷、有较强时效性的同城快递服务。虽然同城快递仅处于末端，但它对物流配送整个过程效率与体验有着重大影响。现阶段，我国同城快递主要业务包括单证照类业务、重点行业类业务、商务类（民用类）业务、个性化增值类业务等。末端配送业务存在较多的衍生服务，比如仓储、代收货款等，这就为企业提供了更多的利润来源。

为了增强配送时效性，很多同城快递公司推出了"限时达""当日达"等个性服务，可以满足用户的多元化需要。长期来看，个性化增值类业务将是同城快递业务中发展前景最为广阔的业务之一，是同城快递公司布局的关键点。而想要在个性化增值类业务中成功突围，同城快递公司需要洞察并重视消费需求，提高用户体验，拓展多元化的特色服务。

国内干线物流以城市间运输为主，确实已经有公路、铁路、水运、航空等多种运输方式可以将货物快速从一个城市运到其他城市，但货物运到目的地城市后，终端配送也就是同城配送环节仍存在很多问题，配送成本高、效率低下。对于终端配送，干线物流企业通常是先集货，等到货车装满货物后，再为客户配送，或者是要求客户到物流园自提。显然，这两种方式都会给用户体验造成较大的负面影响，对企业的业绩提高与品牌建设是非常不利的。

为了解决同城配送痛点，闪送、快收、人人快递等新型配送服务商选择交通便利、需求规模较大的一线城市为切入点，采用P2P直送方式为客户提供同城快递服务。虽然这些探索者的服务效率与质量还存在一定的提升空间，但它在补足同城快递短板、提高用户体验方面是有较为积极的影响的。此外，它也使"顺路经济"这一概念得到了大规模推广普及。

闪送等新型配送服务商通过专人直送模式，有效去除了一系列的中转分拣、临时仓储等环节，能够提高同城快递效率，并降低成本。"最后一公里"问题愈发突出，以及用户配送需求日趋个性化，为同城快递的发展提供了广阔的想象空间。同城快递业广阔的发展前景，吸引了创业者、企业、资本方的广泛布局，为解决"最后一公里"配送问题，满足人们日益多元化、个性化的配送需要，提供了巨大推力。

近两年来，干线与城配企业都在公路运输领域积极进行市场开拓。以货车帮、运满满为代表的干线企业依托线上渠道，促进了货运需求与车辆资源之间的对接；以货拉拉、58速运为代表的城配企业则更加注重末端配送的布局与发展，不断完善自身的服务体系。

在货物运输方面，干线物流与城配物流的价值都不应该被忽视。其中，城配物流的作用尤为突出，因为城配物流除了能够完成末端配送之外，还能体现出企业的服务水平与服务质量，如果末端配送做得不到位，就会降低客户体验，导致企业的声誉受损，给企业的后续发展带来不利影响。

面对快速变化的市场环境，众多城配企业都对自身运营做出了相应的调整，在同城配送市场，以C端服务提供为主的货拉拉、58速运得以迅速发展，以B端服务提供为主的易货嘀呈现出蓬勃发展之势。

同城配送崛起的主要因素

近年来，即时配送行业从快速增长期逐步进入成熟发展期，市场规模增速趋于稳定。根据中国物流与采购联合会发布的《2020中国即时配送行业发展报告》显示，截至2020年，即时配送行业消费者规模达到5.06亿人次，同比增速稳定在20%左右；年订单量超过200亿单，同比增长25%，预计2021年订单量将突破300亿单。

同城配送业务之所以迎来快速增长，主要得益于以下几个方面的利好因素。

◆ **社会化物流打破传统物流业格局**

社会化物流是一种运用互联网思维，实时响应客户物流需求，通过整合社会闲置运力资源，为客户提供智能化配送服务的新型物流模式。它可以利用智能化调度系统对货主所在区域的运力资源进行高效配置，让配送人员就近接单，高效、安全、精准地将货物送到收货人手中。社会化物流尤其是同城社会化物流能够大幅度减少临时仓储环节，提高配送效率，降低配送成本。

此外，为了打破传统电商增长困境，给用户创造良好的购物体验，阿里、京东等电商巨头正在积极完善电商生态。而同城配送是电商物流的一个重要环节，直接影响用户购物体验。因此，阿里、京东等电商巨头也愿意支持解决同城配送问题的本地化物流公司发展。

◆ **服务经济崛起**

激烈的同质竞争很容易让企业陷入价格战泥潭，不但影响企业利润，更破坏了产业生态，抑制创新活力，引发劣币驱良币。而提高服务质量是各行业打破同质竞争的关键所在，同城配送行业也是如此。同城配送企业需要抓住用户痛点，提供高质量、多元化的快递服务，使人们的日常生活更为方便快捷。比如，为用户提供预约送达服务；和便利店、小区物业合作，让人们可以自主选择合适时间到合作网点自提等。

政府可以选择某区域作为试点，引导同城配送公司利用城市公交系统进行同城配送。同时，鼓励公共交通企业积极创新，拓展新的增值服务，充分利用车辆的闲置空间，承接同城配送订单等。

◆ **模式创新降低了配送成本**

共享经济在同城配送业的落地应用，催生了通过整合社会闲置车辆、按体积收费、借助智能路由进行多点取送的全新同城配送模式，也进一步降低了配送成本。特别是利用移动智能路由对配送业务进行智能规划，可以让客户多位置装货、卸货的个性需求得到满足。这也让很多中小商家可以借此省去租赁仓储设施的成本。

O2O众包模式等新型同城配送模式，凭借其优良的用户体验得到了很多年轻用户的青睐。以O2O众包模式为例，用户可以利用手机上安装的快递客户端App设置快递员上门取货与送货时间，避免因为自己不在家而延误快递员取货，或快递员送货时将包裹放在门口而导致包裹丢失的问题。

闪送和人人快递公司都采用了O2O众包模式。该模式让同城配送公司可以不必雇佣固定快递员，只需要建立完善的信用认证体系，对申请送单的快递员进行审核即可，从而降低公司的运营成本。此外，同城配送路程较短，绝大部分情况下能够当日送达，这可以让同城配送公司不必投入较多的仓储资源。

◆ **市场需求的集中爆发**

生活节奏不断加快，以及人们对服务质量的愈发重视，对物流效率和服务质量提出了更高的要求。特别是有良好的经济条件、愿意尝试新鲜事物的一二线城市年轻用户，在"限时送"和"极速达"等增值服务方面有旺盛的需求。

传统快递行业中因为运输安全、成本等因素，而无法满足部分商品的配送需求，比如，部分易碎品、部分液体产品等。而同城配送作为一个细分领域，配送路程较短，以平坦的公路为主，可以满足部分被传统快递公司拒收的物品的配送需求。

同城配送的演变发展与运营模式

新零售倡导打通线上、线下渠道，整合线上、线下的优点带给用户更极致的购物体验，为零售行业打造全新的增长点。随着新零售的概念不断传播，参与者越来越多，包括线上的电商、线下的大卖场、商场、超市以及社区便利店等。有了参与者之后，新零售的发展还需要配备一个很重要的设施——前置仓。

前置仓指的是与门店距离最近的仓储物流基地。在物流企业的仓储系统中，前置仓位于中心仓、城市仓之下，属于第三级仓储物流系统，是实现仓配一体化的关键环节，之后要解决的就是"最后一公里"配送问题。在前置仓的作用下，物流行业的配送模式发生了一定的转变，从"电商平台—快递企业—消费者"转变为"电商平台—前置仓—即时物流平台—消费者"，推动同城配送实现了快速发展。

◆ 同城配送的发展历程

同城配送的发展大致可以划分为三个阶段，具体如图21-1所示。

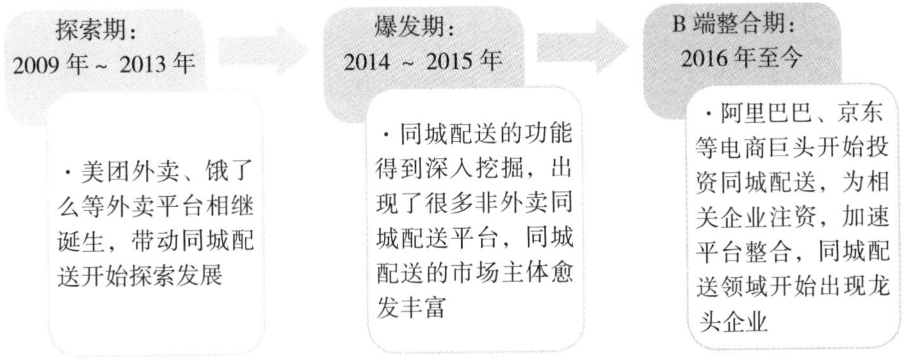

探索期：2009年~2013年
· 美团外卖、饿了么等外卖平台相继诞生，带动同城配送开始探索发展

爆发期：2014~2015年
· 同城配送的功能得到深入挖掘，出现了很多非外卖同城配送平台，同城配送的市场主体愈发丰富

B端整合期：2016年至今
· 阿里巴巴、京东等电商巨头开始投资同城配送，为相关企业注资，加速平台整合，同城配送领域开始出现龙头企业

图21-1 同城配送的发展历程

◆ 同城配送的运营模式

（1）根据参与主体划分

从参与主体来看，同城配送可以分为B2B、B2C、C2C三种模式，如表21-1所示。

表21-1 基于参与主体视角的同城配送

配送模式	具体内容
B2B模式	B2B模式指的是将商品从货仓直接运输到中小经销商店铺的一种配送模式，典型代表是京东新通路的联合仓配模式，主要为当地3~5公里半径内京东掌柜宝客户服务，属于一种末端物流。通过这种模式，京东成功地将快消品B2B市场中的中小经销商、批发商纳入自己的体系
B2C模式	B2C模式是从商家取货，将货物直接配送到消费者手中的一种配送模式。该模式下的平台主要包括美团、饿了么等外卖平台，盒马生鲜等生鲜平台，叮当快药等医药平台以及天猫超市等商超平台，主要配送餐饮、生鲜果蔬、鲜花、常用药品、各类生活用品等商品，典型代表就是外卖配送。这种模式具有两大特点，一是订单相对集中，二是订单相对固定。除外卖配送外，新零售的即时快递服务也属于这种模式
C2C模式	C2C模式主要用来满足人们的紧急互送需求，该模式下的同城配送平台包括闪送、达达、UU跑腿等，配送的物品主要包括紧急文件、证件、各类生活用品、各类电子产品等

（2）从商业模式划分

从商业模式划分，同城配送可以分为自营、加盟、众包三种形式，如表21-2所示。

表21-2 基于商业模式的同城配送

配送模式	具体内容
自营模式	指的是平台自行筹建物流配送的各个环节，并对物流配送环节进行组织管理的一种配送模式
加盟模式	加盟模式可以在有效控制成本的前提下快速拓展服务种类，但加盟店管理需要耗费大量时间与精力，会在无形中导致成本增加
众包模式	众包模式是在共享经济的基础上发展起来的一种即时快递服务。简单来说，众包模式就是搭建一个平台对闲散劳动力进行整合，让他们利用自己的闲暇时间从事快递工作，并获取一定的劳动报酬，平台从中获得抽成。这种模式是一种轻资产模式，平台不需要投入太多成本打造配送团队，而且可以快速扩张，典型代表包括人人快递、闪送、达达、UU跑腿等。众包模式非常适合C2C类型的同城配送，但这类市场需求不太旺盛，导致众包物流平台难以为继

后疫情时代，同城配送市场的商业价值与社会价值都会发生质变。一方面，同城配送的服务范围将大幅拓展，从单一的配送外卖向配送万物转变，其中生鲜零售等非餐饮品类商品的比重会不断提升，消费者规模也将不断壮大，市场将不断地从一二线城市向低线城市拓展，同城配送的商业潜力将得以充分释放。

另外，在疫情防控常态化背景下，同城配送行业可以在一定程度上稳定就业、保障民生。为了保证同城配送人员的权益，同城配送平台开始尝试建立职业伤害保障试点，对配送人员进行职业技能培训，不断优化同城配送的从业环境，减少同城配送人员的后顾之忧。